AF391429

MAGAZIN

POUR

LES GENS DE GOUT

TOME TROISIEME

PREMIER CAHIER

Pour les amateurs de jardins.

NOUVELLE EDITION.

LEIPSIC
CHEZ FREDERIC AUGUSTE LEO
1800.

MOSCOW,
CHEZ RISS ET SAUCET.

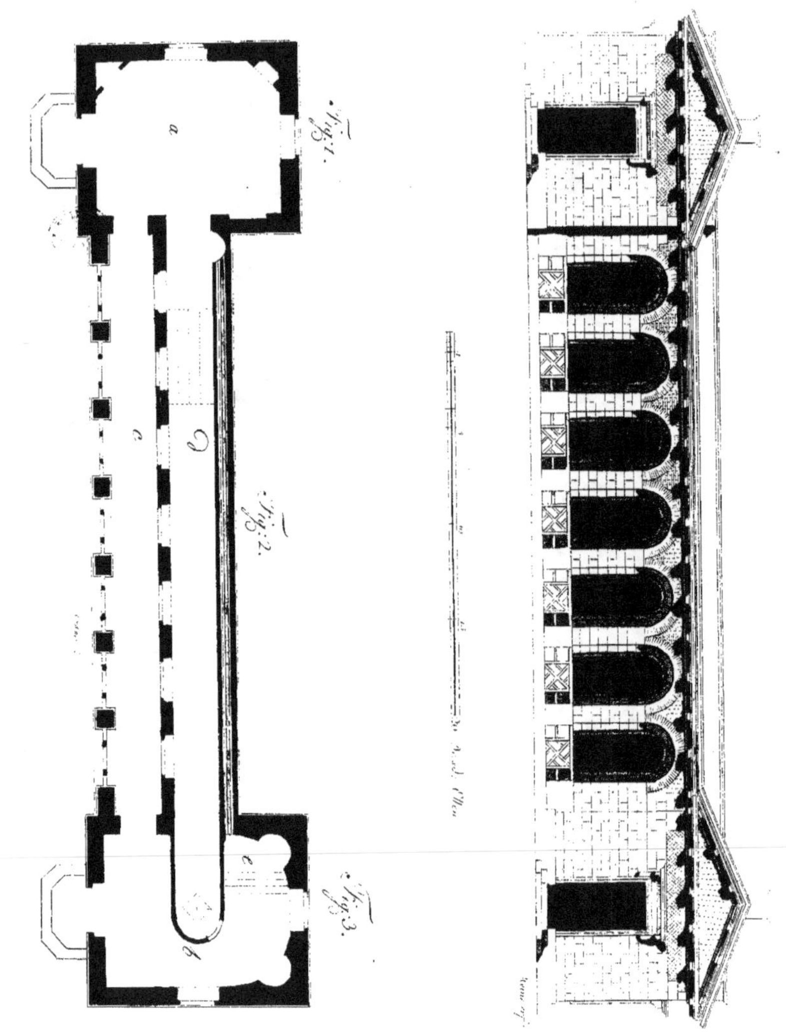
Pl. III.
Fig. 1.
Fig. 2.
Fig. 3.
a
b
c
d
e

Hane erf.

10 Dresd. Ellen

III. B²

Pl. I. II.

Les diverses parties de la gymnastique parmi les anciens, offroient au goût exquis des possesseurs de jardins et des campagnes, une foule de charmantes idées pour la décoration et la variation des lieux de leurs exercices. Il ne faut que se rapeller les palestres si artistement construites, les places destinées aux divers jeux de ballons, à lancer le javelot, à disputer le prix à la course et autres dont nous devons la connoissance à la savante description de Vitruve. Combien d'idées architectonographiques l'on pouvoit employer dans leurs halles, leurs xystes et leurs portiques! Il y a long-tems que le climat, la manière de vivre et les moeurs ont parmi nous banni ces exercices gymnastiques, et dans nos jardins et autres places les édifices et ornements qui y étoient destinés. Les jeux de paumes eux même, les mails, les courses de bagues sont relegués parmi les exercices de la chevalerie éteinte et les antiques tournois, dont on ne retrouve les traces que dans de vieux jardins ou anciens châteaux. Le jeu de quilles est le seul des anciens exercices gymnastiques, qui se soit perpétué dans nos climats septentrionaux, les mêmes pour le fond, mais avec quelques changements pour la forme. Afin de procurer aux joueurs un abri contre les injures du tems et de les mettre en état de continuer cet exercice même pendant l'obscurité, on a imaginé de longues galleries couvertes plus ou moins décorées de miroirs et de plaques, garnies des tableaux ou d'estampes, objets que le Luxe a introduits dans l'art de la décoration intérieure. Il y a un jeu de quilles de notre connoissance où le possesseur a employé les plus belles réprésentations d'anciens athletes et luteurs, par où du moins il rapelle que notre jeu de quilles a remplacé l'ancienne gymnastique. Cette espece de bâtiments est extérieurement susceptible de beaucoup d'élégance, et les proportions de l'architecture peuvent les rendre très dignes de décorer agréablement un jardin. La représentation Pl. I. le rendant intelligible aux amateurs prouvera suffisamment le goût qu'on y peut employer. Le bâtiment représente ici une gallerie avec des arcades entre deux petits pavillons dont l'un à l'extrémité servant aux choses nécessaires à ce jeu et l'autre formant un sallon où les joueurs peuvent commodément s'assembler. Le plan d'élévation à côté du chemin de la boule donne par sa largeur à comprendre qu'on peut faire de cette gallerie une promenade couverte, et pour ainsi dire, un portique dans le goût de l'antiquité. Il doit être agréable aux joueurs même, en attendant leur tour, de pouvoir se promener, voir le jeu et discourir ensemble. Il s'entend assez que parmi les bons joueurs il n'y a pas à craindre que la boule saute de côté.

Planche II. Coupe du sallon avec la vue d'un des côtés. La porte du milieu donne sur le jeu, il convient que la porte en soit vitrée, celle à droite communique à la gallerie, la troisième n'y est que pour la symetrie, l'on peut s'en servir pour, pendant le jeu, en notter les divers coups sur une tablette, laquelle après le jeu se trouve cachée par la cloture de la porte. Audessus des arabesques dans les médaillons est une tête de Mercure, ce qui est très bien imaginé, parce que dans l'antiquité ce dieu présidoit aux jeux dans les palestres. Aussi trouvons nous très heuresement imaginé de la part de celui, qui au lieu de la table ordinaire pour écrire le jeu, avoit fait dresser pour cela une colonne mercuriale, et écrivoit sous le buste, sur le panneau long où les anciens mettoient ordinairement des inscriptions.

Pl. III. IV.

Cabinet aquatique.

Quoi de plus agréable que la fraicheur d'une source dont les eaux jaillisent d'un rocher ou du penchant d'une colline! Les anciens dédioient ordinairement à la nayade ou nymphe de ces fontaines, un petit temple, lorsque la nature avoit négligé d'y creuser une grotte. Nous nous contentons d'élever un toit audessus d'une pareille source; mais l'art d'embellir les jardins saura profiter d'un si beau présent de la nature en le metamorphosant en une agréable partie, et en élevant un pareil reservoir à la dignité de sallon que l'on pourra nommer nymphée ou cabinet aquatique. L'on comprend qu'une pareille destination exige que la construction en soit massive et voutée et ait plutôt l'apparence d'une grotte que l'air gai d'une salle. L'on peut par le moyen de tuyeaux conduire l'eau à l'endroit où l'on désire d'en voir le jet, soit sur une belle prairie que l'on parseme d'agréables bocages, de touffes d'arbres; on en garnit

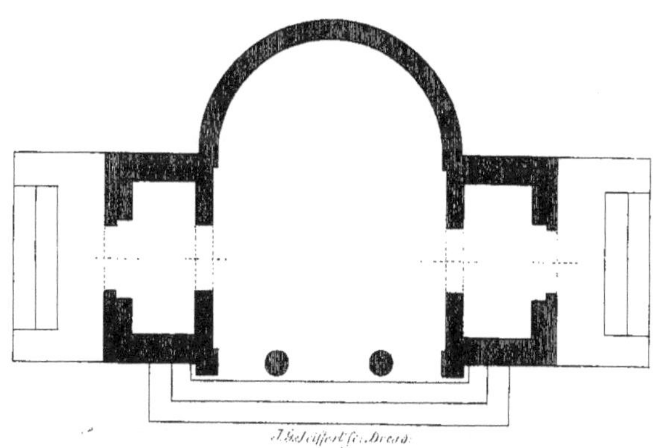

III. B.

III. B.
G. J. Günther gez.

la maison et en entourre le lieu d'où part le jet. Dans l'endroit principal de la grotte au dessus de l'écoulement, où l'eau produit un agréable murmure, il pourroit y avoir des sieges des deux côtés; et les deux cabinets serviroient d'asile contre la chaleur de l'été, l'un pouvant recevoir une bibliotheque et l'autre devenant chambre à coucher ou à se baigner. Et même pour l'hiver, l'épaisseur des murs permet de pratiquer des cheminées masquées dans les angles coupées et d'en conduire les tuyeaux par le mur principal.

PL. III. représente la façade d'un pareil bâtiment, auquel il faut remarquer que le plat du toit exige qu'il soit revêtu d'ardoise ou de tole. Le plan qui est au dessous montre au connoisseur la disposition intérieure.

Pl. IV. Vue du côté opposé et coupé par le milieu de la principale voute, ainsi que la coupe du cabinet lui-même orné de grotesques et de peintures étrusques, (principalement à l'encaustique pour résister à l'humidité) de statues ou reliefs de nymphes et de tritons.

Pl. V. VI.

Ruines d'un ancien bain romain, propres à être placées dans un parc à l'angloise.

Il n'y a personne qui ne connoisse les attrayantes pièces d'eau parmi les ruines de la campagne de Mecène à Tivoli. Ces grottes ont vraisemblablement jadis fait partie d'un bain, puisqu'il n'y a aucune ancienne campagne de conséquence, qui n'ait eu des bains ou thermes. De pareilles ruines ne feroient pas mauvais effet dans un parc d'une certaine étendue, où il y auroit de l'eau en abondance. L'idée suivante est représentée sur ces deux planches. La partie antérieure de la grand-voute de ce bain, dont les ornements en stuc, les débris et les colonnes peuvent encore rapeller le souvenir de l'époque où le luxe et le goût régna parmi les Romains, est entièrement écroulée. L'eau qui arrivoit autrefois de dehors par un aqueduc, dans un grand bassin nommé piscine par les Romains, et qui en ressortoit par des tuyeaux cachés, lesquels s'étant engorgés, debordant et se précipitant du reservoir, a pris un large passage par la salle, et coulant librement parmi les brossailles et les arbres qui couvrent ces ruines d'une ombre pitoresque, se rend en serpentant vers un ruisseau voisin. Attiré par le murmure de ces eaux dans leur chute, le passant arrive imperceptible-

ment aux ruines d'où il jouit avec une agréable surprise des effets de la scène représentée Pl. V. no. 4. En suivant le sentier, il arrive à une arcade écroulée, il apperçoit un chemin vouté qui conduit à un escalier comme il se voit Pl. V. no. 3. On
arrive par cet escalier à une platte-forme au dessus de la voute, d'où par la
partie écroulée, l'on peut voir l'eau qui se trouve en abondance dans la grotte. A la
moitié de l'escalier se trouve une petite porte, par où l'on entre dans le reservoir intérieur. Voy. Pl. VI. fig. 2. L'eau peut y être amenée ou par un ruisseau clair, ou par
le moyen de quelque machine. Au dessus de ce bâtiment on pratiquera des enfonce-
ments ou creux pour recevoir de la terre où l'on pourra planter les arbrisseaux les
plus convenables à des ruines, des plantes parasites, comme le Lycium barbarum,
l'Hedra quinquefolium, Lonizera, Clematis et celles de même espece; au bas des
murs, les Vinca major et minor, les convolvulus et autres rempantes pourront être
employées. Une groupe de saules babiloniens d'un côté sur le rivage et de l'autre
trois peupliers d'Italie feront bon effet. Quelques masses de pierres dispersées, des débris de chapiteaux, semblables à des décombres de murs ecroulés forment des bancs
naturels. L'amateur n'a pas besoin qu'on lui en dise davantage.

Pl. V. Le no. 3 représente la coupe en travers, et no. 4 la vue du tout.

Pl. VI. No. 1 le plan, et no. 2 la coupe sur la longueur.

Fragments, tirés des esquisses de Repton, pour le jardinage champêtre.

L'opinion que je hazarde de proposer, est qu'il n'y a que deux sortes d'architecture; que
l'on pourroit nommer l'une la perpendiculaire et l'autre l'horizontale. Dans la première
je comprends tous les édifices élevés avant et dans les premières années du règne
d'Elisabeth en Angleterre, qu'on les regarde comme sarazins, saxons, normands ou
comme gothiques des treizième et quatorzième siecles; ou comme une espece particulière que l'on nomme le gothique de la reine Elisabeth, où l'on employoit encore les
petites tours, mais plus de crénaux au haut des murs et où les colonnes grecques
étoient admises. La seconde comprend tous les bâtiments élevés depuis l'introduction
de l'architecture reguliere, soit quelle imite les modèles qui nous restent des Grecs et
des Romains. Il y en a de fait une troisième espece où la ligne dominante n'est ni
horizontale ni perpendiculaire, mais un mêlange de l'un et de l'autre, c'est l'architecture
chinoise.

On pourroit distinguer les deux especes d'architecture en les nommant simple.
ment, l'une gothique ou ancienne, l'autre grecque ou moderne; mais ce n'est pas le
style ou l'ancienneté qui en détermine le caractère, c'est selon que les lignes horizon-
tales ou perpendiculaires y dominent.

La mode, dans ce siecle paroit autant rejetter les allées dans les jardins
qu'elle les aimoit dans les précédents, et c'est avec si peu de connoissance de cause,
que la plupart des gens dans l'un et l'autre cas croyent avoir suffisamment justifié leur
opinion en disant tout uniment: j'aime ou je n'aime point les allées. Tâchons d'ana-
lyser ce goût pour ou contre.

Une longue et superbe allée produit à quelques égards les divers degrés de plaisir
que l'ame ressent de l'amour de l'ordre, de l'unité, de l'antiquité, de la grandeur et de
l'enchainement des parties ainsi que d'une perspective étendue. Je m'en raporte pour la
vérité de cette assertion aux sensations de tous ceux qui ont parcouru les magnifiques
allées de Windsor, de Hatfield, de Burleigh et autres avant que d'éprouver l'ennuyeuse
uniformité et la multiplicité de desagréments qui ont attiré aux allées un juste mépris.
Cette uniformité est si frapante que l'effet des allées est de faire perdre tout le piquant
et la surprise de la nouveauté et de la variété; et toutes les maisons du royaume
formeroient la même espece de paysage, si l'on peut donner ce nom à une ligne
droite que l'oeil parcourt d'un bout à l'autre entre des murs verds.

Un obelisque, un temple ou tout autre point de vue à l'extrémité d'une longue allée ne peut plaire qu'aux ignorants et aux enfants, et attirer leur curiosité; l'oeil
du goût et de l'expérience hait la gêne et se réfuse avec dédain de tout moyen arti-
ficiel employé pour l'attirer. C'est pourquoi une allée fait une impression très agréable
si comme celle de l'Angley parc elle monte par une colline jusqu'au sommet et l'ima-
gination s'en représente la fin.

Le plus grand tort d'une allée, c'est de couper un parc en diverses parties
et de détruire par là l'unité si nécessaire à toute composition lorsqu'elle doit plaire.
Cela est si évident que dans un parc que parcourt une allée de l'orient à l'occident,
on ne peut presque pas s'empêcher de le diviser en partie septentrionale et méridionale.

Mais la plus forte objection contre l'allée est que, surtout sur un terrain inégal,
elle fait souvent l'effet d'un rideau tiré, et dérobe la vue de ce qui est infiniment
plus intéressant que toute file d'arbres quelque beaux et vénérables qu'ils soient par
eux mêmes. C'est à tirer ce rideau où il convient, que consiste l'avantage de ce

qu'on appelle couper une allée; car on chercheroit en vain à empêcher par l'éloignement des neuf-dixièmes d'arbres rangés sur une ligne, qu'ils ne fassent l'effet d'une allée lorsqu'on les regarde soit par une extrémité soit par l'autre. Ces ouvertures le long d'une allée font un merveilleux effet, cependant je ne conseillerois pas de percer une allée.

Dans l'architecture grecque, l'on s'attend à de larges corniches, à des fenêtres parfaitement rangées sur une ligne, laquelle est rendue encore plus visible par une bande horizontale. Mais il y a peu d'intervalles d'une grande profondeur; et dans une colonnade l'ombre que jettent les colonnes, est bien peu de chose en comparaison de l'ombre large que produit la travaison; et le seul ornement que permet la couverture est un champ plat qui diffère peu de la direction horizontale, ou une coupole qui s'élève sur une base horizontale. L'on a remarqué souvent que les arbres de forme piramidale ou conique qui accompagnent ces bâtiments, produisent un bel effet, qui selon moi provient du contraste; quoique dans un tableau italien, une combinaison d'idées où nous voyons des édifices grecs parmi des sapins et des ciprès ne laisse pas de produire quelque impression sur l'ame.

Des arbres de croissance conique mêlés à des bâtiments gothiques, doivent déplaire à cause du raport qu'ils ont avec la ligne dominante de cette architecture; le jeu de la lumière et de l'ombre dans les bâtiments gothiques pouvant venir de la construction hardie des tours et des arcs qui produisent des ombres dans une direction perpendiculaire. La ligne horizontale du toit est en même tems interrompue par les créneaux, les petites tours et les pointes qui sont les principaux ornements de l'architecture gothique et par conséquent les plus convenables à ces parties où la forme du terrain cache la partie inférieure du bâtiment, tandis que le toit gagne par le moyen des arbres dont la forme contraste avec le contour gothique.

Il semble au premier coup d'oeil qu'il est presqu' impossible d'établir des principes fondamentaux dans l'art des jardins vu la différence énorme qui s'y trouve entre le siecle passé et celui-ci; mais en considérant comme il faut cet objet, on trouve qu'à cet égard comme en bien d'autres, les hommes sont enclins à tomber d'un extrême dans l'autre. Quelques améliorateurs modernes, parce que les lignes droites et une symétrie parfaite des parties dominoient dans le vieux style, ont pris la courbe pour la ligne de la beauté et une propreté négligée pour une aisance naturelle: toute régularité est nommée par eux affectation, et en conséquence de l'axiome suranné, que la nature déteste la ligne droite. Ils accablent la vue de tortuosités continuelles.

L'amour de l'ordre et de la symétrie est naturel à l'esprit humain. La première maison que l'enfant trace sur l'ardoise, montre ordinairement quelque accord dans les parties. Il en est de même de l'enfance du goût. Ce qui dans les premières années de leur vie, ont donné peu d'attention aux objets du goût, sont touchés de la symétrie et de l'accord des parties, sans avoir la moindre connoissance de l'uniformité ou de l'harmonie des parties avec le tout. Cela explique tous les essais de mauvais goût qui ne sont que trop communs dans le voisinage des grandes villes, où nous voyons des maisons de campagne grecque étendre leurs petites ailes gothiques, et des chateaux des briques rouges étayés de pavillons grecs; mais quoique l'uniformité en soit bannie, on n'y oublie pas la symétrie. L'amour de la symétrie étant si grande dans l'homme, il vaut donc la peine d'examiner à quel point elle doit être admise ou rejettée par l'art des jardins. Une remarque de Montesquieu sur le goût presente la chose dans un beau jour.

„La où la symétrie est utile à l'ame, et peut en accélérer les fonctions, elle est agréable; mais où elle est superflue, elle produit le dégoût en détruisant la variété. C'est pourquoi il doit y avoir de la diversité dans les objets que nous voyons les uns après les autres, notre ame les concevant sans peine; ceux au contraire que la vue embrasse d'un coup d'oeil, ont un besoin indispensable de la symétrie. Nous jettons les yeux sur la façade d'un bâtiment, sur un parterre, sur un temple; la symétrie dont ces objets sont susceptibles plait à l'ame par la facilité qu'elle lui procure d'en saisir l'ensemble." C'est d'après ce principe, continue notre auteur, que j'ai conseillé la plus exacte symétrie dans les petits jardins fleuristes qui se trouvent devant les serres, dans des endroits circonscripts, où séparés de l'embellissement général, ils forment une espece d'épisode qui contraste avec les grandes parties visibles du tout. L'irrégularité dans ces petites parties bornées paroitroit affectée. Le frontispice d'un édifice regulier admet la symétrie, elle y est même nécessaire, parce que les parties et la ligne qui en dérive ne s'y accordant pas, le bâtiment auroit une aparance gauche. Mais ce degré de symétrie ne doit s'étendre qu'à un médiocre éloignement de la maison, et se

borner aux seuls objets qui sont evidemment des productions de l'art pour l'utilité de
l'homme; tels qu'un chemin, une promenade, une élégante cloture de bois ou de fer.
D'ailleurs il n'est pas nécessaire qu'elle s'étende jusqu'aux plantations, aux caneaux
ou à la forme naturelle du sol.

MAGAZIN

POUR

LES GENS DE GOUT

TOME TROISIEME

SECOND CAHIER

Pour les amateurs de jardins.

NOUVELLE EDITION.

LEIPSIC
CHEZ FREDERIC AUGUSTE LEO
1800.

MOSCOW,
CHEZ RISS ET SAUCET.

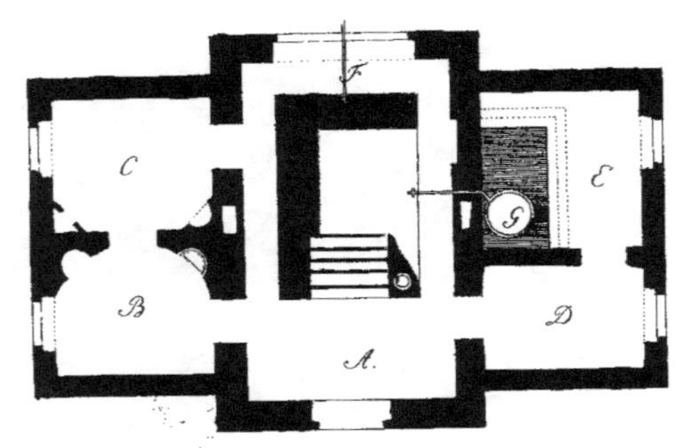

10 Dresdner Ellen.

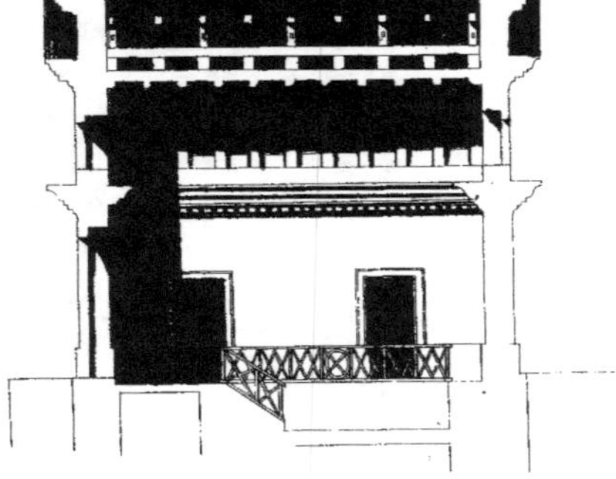

Pl. VII.

Si parmi les anciens il n'y avoit point de campagne sans bains ou thermes spacieux, un plus petit pour l'été et pour l'hiver, dans nos climats plus froids, peut rendre d'utiles services, et être en même tems un objet de l'art d'embellir dans l'architecture. La représentation que l'on donne ici en offre une très gracieuse idée. La disposition intérieure se trouve sur le plan fig. 1. La pièce du milieu A, qui est le lieu du bain, a aux deux ailes quatre cabinets dont l'usage est particulierement indiqué. Au milieu de la pièce A est le bain entourré d'une grille, les anciens l'appelloient piscine, il est muré, et l'on y descend par six degrés comme on peut, par la coupe de cette pièce, l'appercevoir clairement fig. 2. A gauche, cette pièce communique à deux cabinets B et C par deux portes qui peuvent être garnies de rideaux plus ou moins épais. Dans l'un se trouve un lit et toutes les commodités pour s'habiller et deshabiller et se reposer après le bain, l'autre peut servir à prendre quelque rafraichissement. Le cabinet D à droite arrangé pour le service, peut former la garderobbe. Tout à côté est la cuisine E. Outre l'eau chaude pour le bain, l'on peut y préparer toutes autres boissons. L'eau chauffée dans une chaudiere passe par un tuyeau muni d'un robinet voyez la lettre G et du côté opposé se trouve un autre tuyeau F pour l'eau froide.

La fig. 3 représente l'extérieur de ce bain avec les deux ailes et fig. 4 une des ailes.

La peinture à fresque, rouge sur noir à l'étrusque, dont on peut trouver des desseins à l'antique dans notre Magazin, est ce qui convient le mieux pour la décoration intérieure. Les Anglois décorent maintenant leurs bains de peintures en cire à l'encaustique, manière retrouvée par Raifenstein, et employée à Naples par Hackert dans le bain du roi à Caserta.

Pl. VIII. IX.

Mausolé dans un jardins.

Planche VIII.

Le sarcophage de pierre forme le centre de ce monument. Au défaut de pierre, on y peut employer un bois dur auquel on donne l'apparence de la pierre à s'y tromper, par le moyen d'un sable fin dont on peut habilement le revêtir. Il est enveloppé d'un voile funebre mais de manière que d'un côté on peut aisément voir la table de marbre attachée avec des rosettes de bronze et en lire l'inscription. Il est surmonté d'une coupole qui se termine extérieurement en pyramide et éclairé d'en haut par un jour particulier. Entre les quatre arcs qui suportent la coupole et qu'ici l'on ne peut voir que d'un côté, l'on peut placer des médaillons avec le portrait de personnes chéries, ou des basreliefs allégoriques. Au dessous des quatre arcs, on a pratiqué des niches pour recevoir des urnes ou des sieges. Si le sarcophage étoit consacré à une personne de rang, les urnes pourroient être dédiées à ses amis ou affidés par des inscriptions. Toute grille ou autre entourages est plus ou moins contre le bon goût, ne servant qu'à isoler le monument. Si cependant quelque circonstance particulière exigeoit un entourrage, il seroit facile d'ajouter une grille aux quatre arcs. Dans certaines occasions on pourroit pratiquer dans la coupole une espece d'illumination, par laquelle on feroit la nuit réfléchir sur le sarcophage une lumière forte ou foible comme par une magie enchanteresse, ce qui formeroit dans le silence de la nuit une sorte de fête funéraire. Quelque chose de semblable a été nouvellement exécuté dans une campagne en Angleterre. Il faut se représenter le tout environné de bouleaux à rameaux pendants, ou obscurci par des saules babiloniens groupés pitoresquement. Au lieu de sarcophage en faisant quelque petit changement, l'on peut employer au milieu un autre tombeau antique.

Planche IX.

Coupe du mausolé, et représentation en grand du sarcophage.

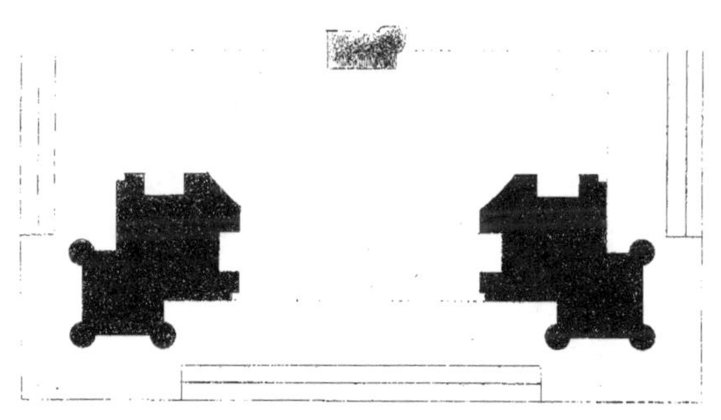

ш. B.

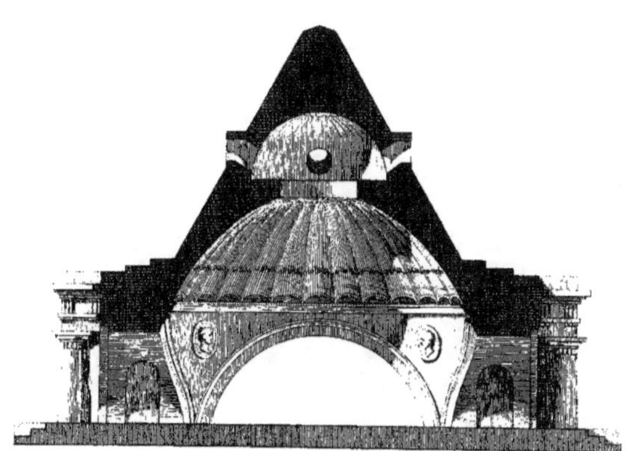

J. G. Schöppel fec. Dr.

III. B.

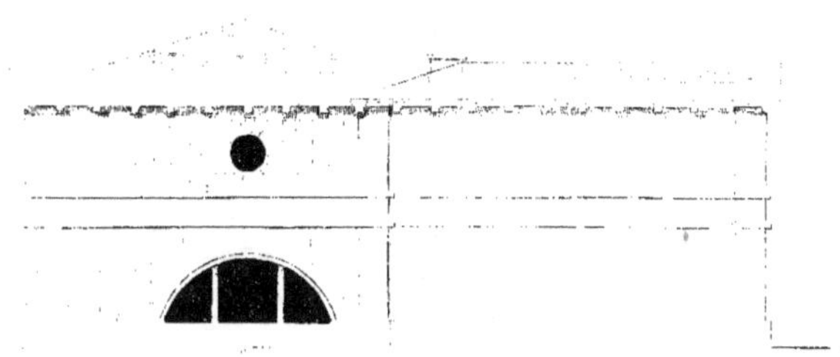

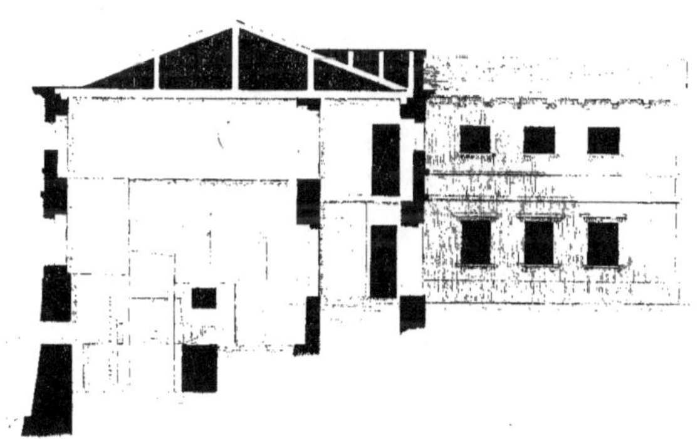

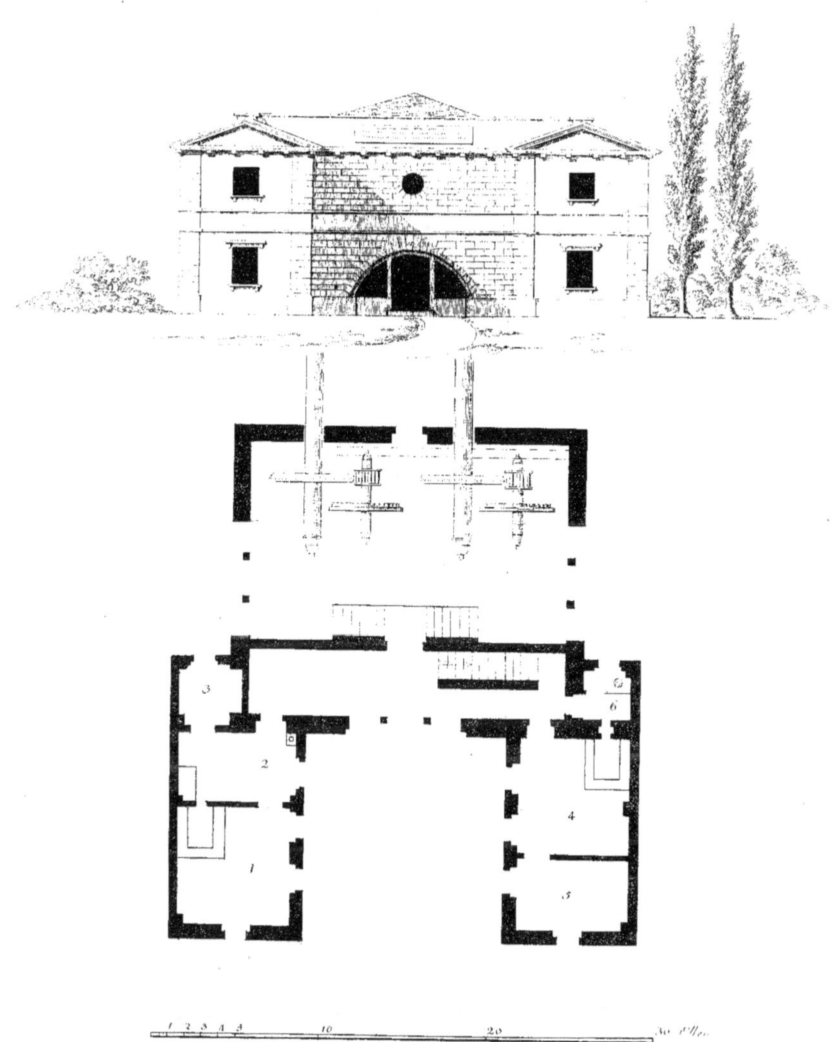
1 : 10.
III. B.

Pl. X. XI.

Moulin à deux corps dans un jardin ànglois.

Planche X.
Plan et principale façade.

Les Hollandois ont cherché, le long de leurs canaux, à produire des points de vue pitoresques par le moyen de leurs moulins à vent. Quelque ridicule en soi-même que cela doive paroître au goût plus épuré et plus formé, ces moulins avec leurs ailes étant un objet si peu pitoresque; la seule idée d'employer les objets de premiere necessité à embellir et vivifier la nature, mérite à tous égards une raisonnable imitation. Nos moulins à eau sont autant de cascades artificielles qui peuvent être utilement employées à ranimer et embellir un vallon romantesque, et à ennoblir toute une contrée par des jardins champêtres. Si en eux mêmes, dans une belle contrée, les moulins sans être calculés sur le site des environs et sans autre secours de l'art produisent un effet infaillible, selon l'aveu de chacun, qui n'aurois vu que les belles vallées du voisinage de Dresde et les beaux fonds de Plauen et de Schoner ; il est clair qu'avec le moindre secours de l'art, l'on rendroit ces moulins infiniment plus pitoresques et plus intéressants. L'on offre ici une idée propre à cela. Fig. 1. représente la principale façade du côté de l'eau. Il faut se représenter ce bâtiment dans une situation ouverte et dégagée, où sont conduites les eaux d'un clair ruisseau. On pourroit avec avantage y planter des groupes de peupliers d'Italie et des pièces d'arbrisseaux à fleurs, et s'en servir pour dérober à la vue, les bâtiments économiques, les écuries, et les remises où sont enfermés les bois et les planches. L'on pourroit encore, en cas de besoin, en former les ailes jusqu'au premier étage, ce qui donneroit au corps de logis plus d'ampleur et de loin l'apparence d'un petit château.

Fig. 2. plan et distribution intérieure. No. 1. logement du jardinier, no. 2. une cuisine, no. 3. une chambre. La pièce no. 4. est destinée pour les garçons meniers, no. 5. chambre, no. 6. pour le chaufage et les lieux secrets.

Planche XI.

Façade latérale de ce moulin avec la coupe. Il est encore à remarquer qu'un étage supérieur tant au corps de logis, qu'au moulin proprement dit, ajoute au tout un

air de solidité, et lui donne outre diverses commodités une apparence opulente. Le
meunier et sa famille peuvent loger dans l'étage de la maison; au dessus du moulin
peuvent être divers magazins et greniers.

Pl. XII.

Maison gothique pour un jardin.

Cet édifice de style gothique doit se supposer auprès d'un petit lac dans un lieu
sombre et ombrageux. Il consiste en un cabinet vouté et soutenu au milieu
par un pillier. Entre les murs intérieurs et les extérieurs il reste quatre espaces a,
a, a, a, comme il se voit dans le plan, où l'on peut renformer toute sorte d'attirail,
principalement des filets et ce qui est nécessaire à la pêche. Les deux petites pièces
auprès de la sortie sur le balcon, peuvent être arrangées l'une, b, pour l'usage, l'autre,
c, pour un petit escalier qui couduira au balcon supérieur. Sur celui-ci l'on jouit
d'une perspective riante et de la vue du rivage de ce lac. Le balcon d'en bas offre
à l'ombre un lieu commode pour pêcher à la ligne. Le bâtiment peut être ou de
bois ou de pierre, au milieu du lac, sur une île. Le toit est en tuilles, sur quoi il
est à remarquer qu'aux côtés dans les lignes formant un angle obtus, les tuilles fai-
taires vernies en jeaune font très bon effet. Il en resulte des rayes variées qui ne
sont pas trop tranchantes. Du côté de terre, il y a trois entrécs qui derriere les
portes gothiques de bois peint, peuvent être garnies de vitrage. S'il y a moyen de
se procurer du verre de couleur, cela donnera au tout un plus grand caractère d'antiquité.

Ce petit bâtiment peut servir à divers usages. S'il est destiné à la contem-
plation, à quoi la forme gothique de chapelle, invite plus particulierement, ou dédié
au recueillement, on ne manquera pas d'en monter les ornements intérieurs sur le
même ton.

Fragments, tirés des esquisses de Repton, pour le jardinage champêtre.

L'auteur explique comme il suit ce qui est nécessaire concernant une bonne voye
conduisant à une habitation. 1) C'est un chemin vers la maison qui y conduit

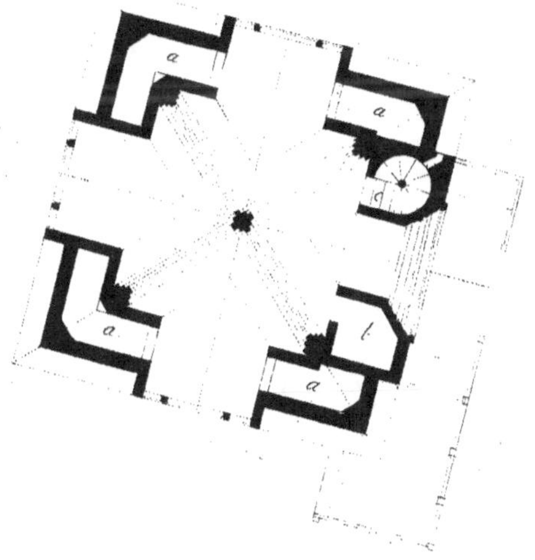

III. B².

principalement. 2) Si de nature il n'est pas le plus court, il faut que l'art empêche
qu'il y en ait un plus court. 3) Il faut que les obstacles employés pour cela paroissent naturels. 4) Le point où une pareille voye se separe de la grande route, ne
doit jamais former un angle droit, ni d'autre manière qui en derobe l'importance de
l'entrée, mais plutôt formant une courbure de la voye publique, d'où un pavillon
ou un portail forme un meilleur coup d'oeil, et où le chemin public semble plutôt
se séparer de cette voye, que la voye quitter le chemin public. 5) Si la maison
n'est ni grande ni magnifique elle ne doit point s'apercevoir de fort loin, paroissant
plus petite qu'elle n'est en effet. 7) Il convient que la maison, à la première vue,
offre un coup d'oeil gracieux. 8) Dès que dans l'avenue qui y conduit, la maison
vient frapper la vue, rien ne doit tenter de la quitter; ce qui sera toujours le cas si
le chemin est detourné sans que des obstacles inévitables, comme l'eau, ou l'escarpe-
ment du terrain paroissent en justifier l'allongement.

Voici les sources de plaisirs que procure l'art dans les jardins champêtres.

1) L'uniformité ou la convenance des diverses parties avec le tout, et de ce
tout avec le caractère, la situation et les circonstances tant du local que du possesseur.

2) L'utilité qui renferme l'aisance, la commodité, la propreté et tout ce qui
contribue à l'accomplissement du desir d'avoir une demeure élégante.

L'ordre qui comprend l'exécution achevée et correcte. Le rafinement du goût
est souvent choqué de choses qu'un paysan ne remarqueroit même pas. Une courbure mal amenée dans une promenade, ou dans des lignes qui devroient être paral-
lelles et ne le sont pas, causent une sensation desagréable; il en est de même d'un
chemin tortueux par une allée, le long d'un chemin droit ou d'un bâtiment.

La symétrie ou l'accord des parties que l'on attend dans le frontispice des édifices
d'architecture grecque; qui quelque roides qu'ils paroissent dans un tableau, exigent
l'identité et l'uniformité des parties, s'ils doivent plaire même à l'oeil des enfants.
L'amour de l'ordre et de la symétrie est si naturel à l'esprit humain, qu'il n'est pas
étonnant de le voir étendu jusque sur nos jardins, où il s'est assujetti la nature même,
en donnant par la taille, une forme réguliere aux arbres, les plantant en ligne ou à
des distances exactement mesurées, et souvent diverses espéces dans un ordre varié.

L'on peut regarder les quatre premiers points comme contraires au beau pitoresque; on ne sauroit néanmoins entièrement les bannir. Il y a des établissements
où le style des anciens jardins est très utilement conservé, témoin les agréables bosquets et les promenoirs académiques dans nos universités. Je douterois du goût de

tout améliorateur qui mépriseroit l'uniformité, l'ordre, l'ulité et la symétrie du petit jardin du college de la Trinité à Oxford, à cause que dans un tableau, les hayes aillées et les droits chemins ne font pas bon effet.

5) Effet pitoresque. Cette article traité amplement et avec habileté par Mr. Price, procure au jardinier des espaces pour jour et ombre, des formes groupées, le contour, le colorit, léquilibre de composition, et les avantages casuels de friches et décadence, de l'effet du tems et de l'antiquité.

Envelopement. Mr. Price a justement défini ce mot: la distribution des objets, laquelle excite et nourrit la curiosité par la manière parcielle et incertaine de les cacher.

7) Simplicité ou cet arrangement des parties, par le moyen duquel sans les étaler tout à la fois à la vue, il les presente à l'oeil par degré sans desordre ni confusion.

8) Diversité. On l'opere par mille moyens que la peinture ne sauroit imiter et qu'offre la nature du pays. L'on a remarqué dans les ouvrages des meilleurs peintres, qu'il y règne une uniformité de composition, que tous les arbres sont principalement d'une même espece, tandis que la nature est infinie dans la diversité de ses productions, et qu'elle mérite d'être convénablement étudiée.

9) Nouveauté. Quoiqu'elle soit une grande source de plaisirs, elle n'en est pas moins pour l'artiste très difficile et même dangereuse à atteindre; elle peut le conduire à des fantaisies étrangeres et bizarres qui après la première surprise perdent leur nouveauté.

10) Le contraste suplée à la nouveauté par un changement de scène subit et inantendu, pourvû que ces passages ne soient pas trop fréquents et trop forcés.

11) L'ensemble semble évidemment être une source de plaisirs; l'on éprouve de la satisfaction à la continuité d'une allée, et un sentiment opposé à la séparation de deux objets qui paroissent faits pour être réunis, comme à l'intervalle qui divise deux grandes forêts, ou deux pièces d'eau; l'on est même mécontent d'un chemin qui finit sans une ligne de communication qui passe outre.

12) Association d'idées. Il n'y a présque rien qui cause des sentiments plus delicieux, qui peuvent être excités par quelque accident local, comme une place où un grand personnage aura joué son rôle; par des restes de l'antiquité, tels que les ruines d'un monastère ou d'un château, et surtout par un attachement personnel à des objets connus depuis long-tems, peut être indifférent en eux mêmes, comme un

siège favorit, la promenade ou la place qui rapelle un évnement cher d'un souvenir precieux. Ces sortes d'objets quelque peu importants qu'ils soient, obtiennent souvent la préférence sur les plus belles scènes que la peinture représente ou que l'art des jardins peut procurer.

13) Grandeur. Elle est rarement pitoresque, soit qu'elle consiste en la grandeur du circuit, l'étendue de la perspective, ou en brillants et nombreux objets de magnificence; mais elle est une source de ces plaisirs mêlés de sublime. Il n'y a cependant point d'erreur plus commune que celle de mettre l'étendue à la place de la beauté dans les ornements dont on décore un parc: ce qui prouve la partialité qui porte l'ame humaine à louer tout ce qui est grand et d'une vaste étendue.

14) Apropriation: Mr. Price me raille sur ce mot comme une expression de nouvel alloi pour signifier le volume de la propriété. Cependant l'apperçu clair d'un pareil volume est une source de plaisir dont on ne doit pas appercevoir les bornes. Car chaque individu qui possede soit quelque don de l'esprit, du pouvoir ou autre propriété, est considéré en proportion de l'idée qu'on a de ce qu'il possede à moins qu'il ne se fasse valoir avec trop de vanité; il n'y a que l'avare sordide qui jouisse seul et souhaite cacher au monde ses richesses. Le plaisir de l'apropriation se sent à l'aspect d'un paysage que ne trouble pas la malice ou le mauvais goût d'un genant voisin. Une grange de mauvaise apparence, un champ labouré, ou tout autre objet desagréable qui defigure l'élégance d'un parc, paroit appartenir à un autre, et dérobe par conséquent à l'esprit le plaisir qui resulte de l'apropriation ou de l'unité d'une propriété sans mêlange.

15) Vivification, ou le plaisir qui revient à l'aspect de la vue ou du mouvement, soit le bruit des eaux, le badinage des animaux, le balancement des arbres et surtout la gaye étourderie qui est propre à la jeunesse.

16) Enfin les saisons et les jours qui ont tant de différence pour le jardinier et pour le peintre. L'heure de midi a ses charmes quoique les ombres n'ayent ni longueur ni largeur, et personne qu'un peintre ou un chasseur ne préférera les feuilles jeaunes et flétries de l'automne aux fleurs odoriférantes et aux renaissantes délices du printems la jeunesse de l'année.

MAGAZIN

POUR

LES GENS DE GOUT

TOME TROISIEME

TROISIEME CAHIER

Idées pour les amateurs de jardins.

NOUVELLE EDITION.

LEIPSIC
CHEZ FREDERIC AUGUSTE LEO
1800.

MOSCOW,
CHEZ RISS ET SAUCET.

III. B.

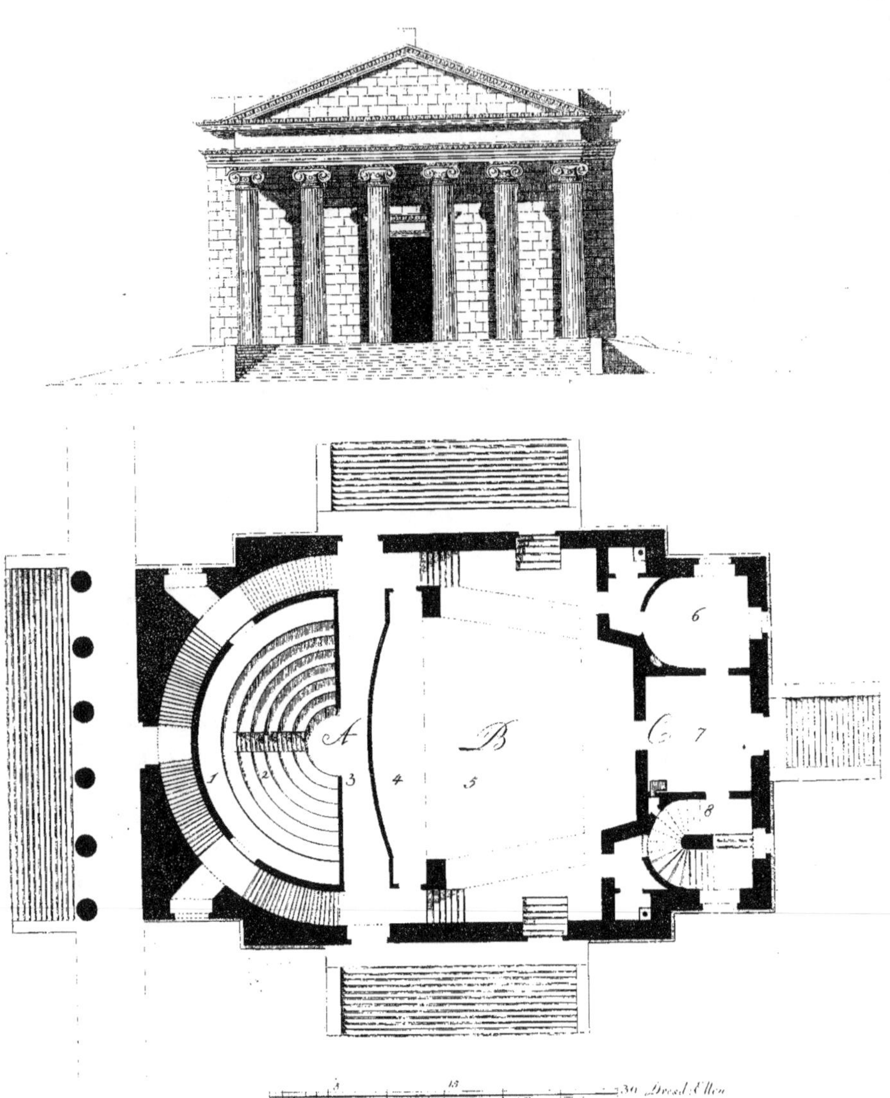

N.° 14
A
B
C
1 2 3 4 5 6 7 8
30 Dresd. Ellen
III. B.

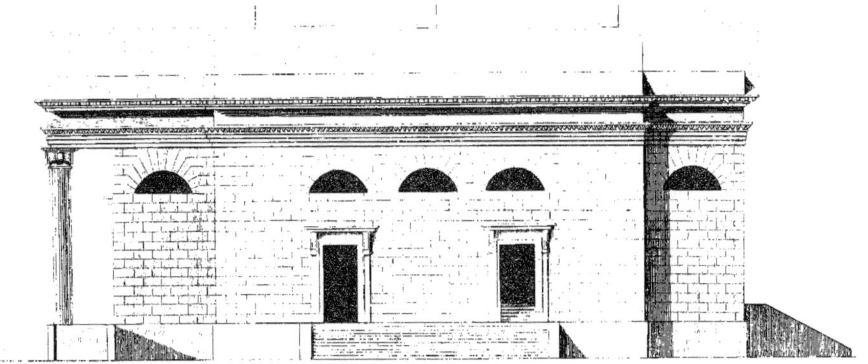

ill. 13.

Pl. XIII.

Siège couvert dans une partie à l'angloise.

Le pan du milieu est à jour et ouvre la vue sur une contrée vaste et riante, ce qui fait ici un effet d'autant plus grand que les arbres des bosquets plantés des deux côtés de ce siège répandent autour un ombrage sombre. La sculpture du fronton peut s'exécuter en pierre ou en stuc. Le mieux est d'y employer des bas-reliefs en terre cuite ou toreutique qui coutent moins que la sculpture, et sont néamoins aussi durables puisqu'ils resistent aux intempéries des saisons. Les deux pans murés sont décorés dans le goût des peintures qui se trouvent à Herculanum. Les plus convénables sont les figures isolées, des danseuses, vandengeuses et moissonneuses. Le Sr. de Murr a publié à Nuremberg une contrefaçon des peintures d'Herculanum à laquelle on peut utilement avoir recours, ou y trouve les meilleurs modèles de desseins pour cet objet.

Pl. XIV. XV.

Théatre champêtre dans une partie à l'angloise.

Un petit Théatre autant par sa forme intérieure qu'extérieure peut être un des plus agréables ornements d'une des vastes parties d'un jardin. Les anciens dont les théatres comme on sait, n'étoient point couverts et où le jour tomboit de toute part, aimoient à se servir des collines et élévations pour y établir les sièges des spectateurs, ils les tailloient même dans la pierre. Il y avoit peu de campagnes de plaisance ou de grands jardins qui n'eussent ou un théatre ou un cirque. Les débris de la magnifique campagne Adriani auprès de Tivoli, sont à cet égard singulièrement instructifs. Il y en a eu quelques imitations çà et là en Allemagne, les amateurs prétendent appercevoir une véritable ruine de cette espece dans le grand jardin de Bose à Leipsic. Elles sont très propres aux concerts et aux illuminations. Mais dans nos climats septentrionaux, les représentations théatràles exigent des endroits couverts et à l'abri des injures du tems, et en ce cas un petit théatre peut décorer une belle partie dans un jardin, quoiqu'avec moins de magnificence et d'ornements que celui de Ladi Craven à Brandbourg-house près de Londres. Les amateurs trouvent ici pour modèle un dessein d'un pareil théatre très agréable, d'exécution facile et peu couteuse.

Pl. XIV. En haut se présente le frontispice du théatre avec un vestibule de six colonnes ioniques et au dessous le plan. Il est divisé en trois parties

     A   siège et galleries pour les spectateurs,

     B   scènes et avant-scène.

     C   Arrière scène, chambre et dégagement.

Sur quoi il est à rémarquer No. 1. Gallerie que l'on apperçoit sur la Pl. XV. Fig. 2. coupe qui la représente plus clairement. Elle tient lieu de loges et en même tems fait mieux voir la scène. No. 2. gradins pour les spectateurs. No. 3. le parquet ou amphithéatre. No. 4. l'orchestre. No. 5. la scène. Les lignes à côté indiquent les coulisses. No. 6. appartement où s'habillent les actrices. No. 7. un autre pour les acteurs. No. 8. escalier qui conduit aux magazins.

Pl. XV. Fig. 1. face latérale, fig. 2. coupe de ce petit théatre.

Les passe-tems dramatiques faisant un des amusements favorits de nos eaux, et dans la plupart des lieux où il y en a, l'on cherche avec soin dans ces théatres de bois à remettre en ordre la transpiration des spectateurt que le bain à dilatée: ainsi un théatre tel que celui qui est représenté ici, sous une inspection suffisante et avec des matériaux pour un prix non exorbitant, ne reviendroit guères qu'à deux mille écus; ce que le propriétaire des eaux ou une compagnie d'actionnaires pourroit aisément entreprendre.

Pl. XVI. XVII.

Moulin en forme de temple gothique, dans un jardin à l'angloise.

Les avantages et améliorations que les jardins champêtres ont d'un moulin ordinaire ont été indiqués dans le cahier précédent. Là où la nature, parmi des fentes de

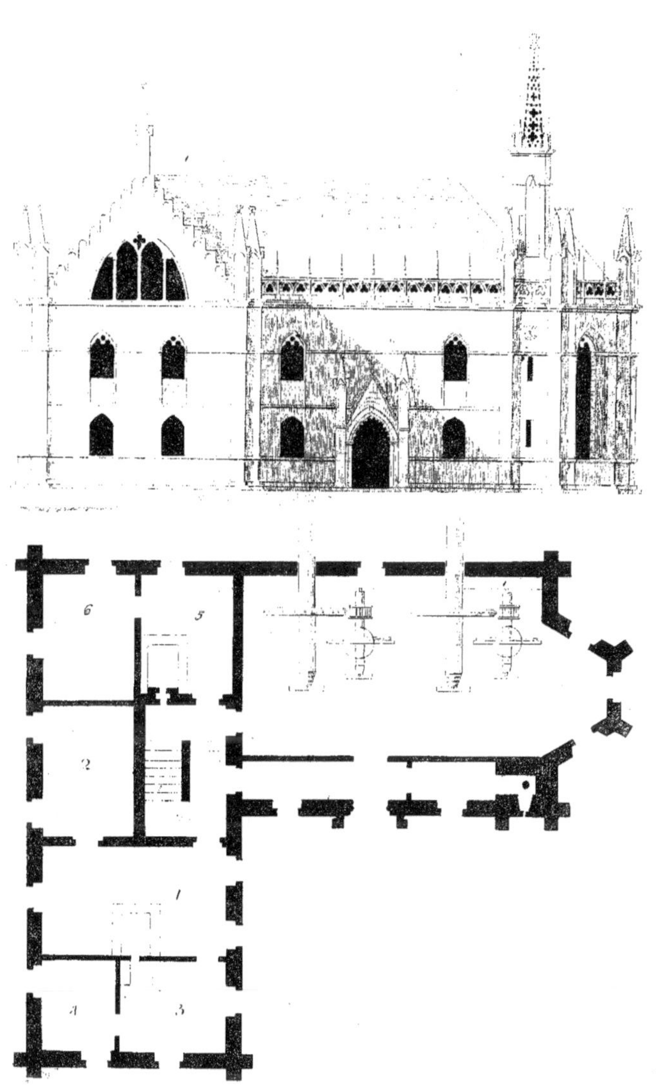

№ 16.
т. Вд.

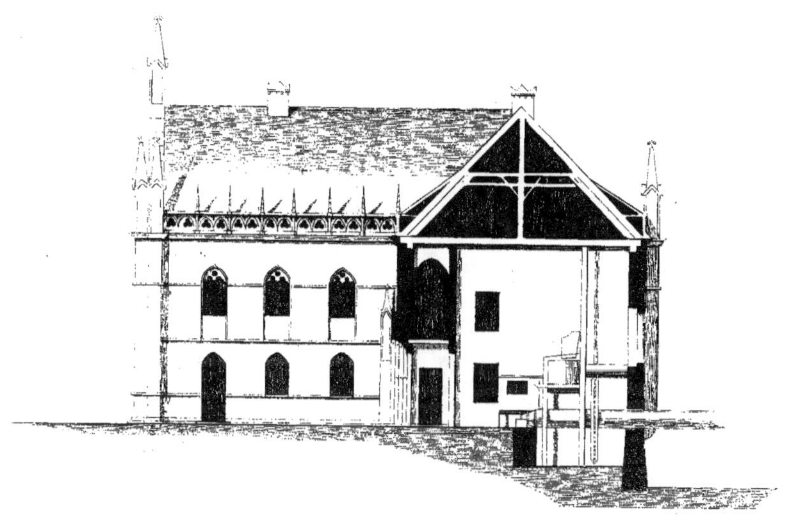

1817.
III. Bd.
30 Ellen

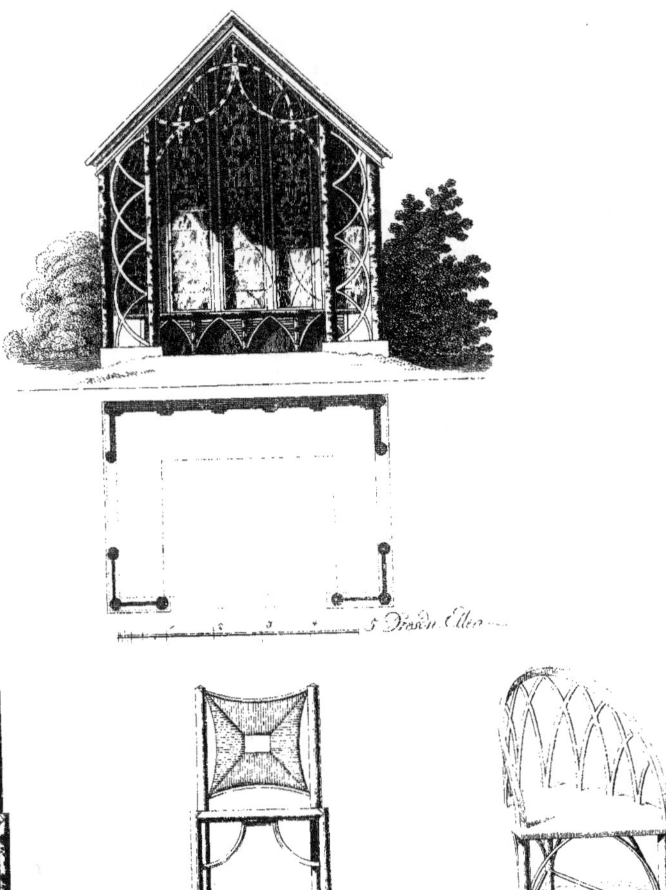

5 Dresd'n Ellen
2 Dresd'n Ellen
III B.

rocher et dans d'étroits vallons, ou dans des bocages romantesques, a produit des endroits propres aux réflexions d'une douce mélancolie, et où la nécessité d'un moulin auprès d'un clair ruisseau dans le vosinage semble se faire sentir; c'est là qu'un moulin à deux corps, d'architecture gothique, entourré de divers arbres étrangers ou nationaux, feroit très bon effet. Il faut au reste se représenter ce moulin à quelque distance de l'habitation, le trop proche voisinage n'en convenant pas, tant à cause du bruit que d'autres inconvénients. Il pourroit y avoir dans le lieu où l'on le placeroit, quelques maisons isolées appartenantes à l'économie du moulin, ou pour servir de logements à quelques gens de la campagne. Le moulin formeroit la partie principale de ce groupe de bâtiments, et la tour gothique munie d'une horloge ou d'une cloche, outre l'effet pitoresque, serviroit du moins à quelque chose.

Pl. XVI. Coupe de ce moulins, Pl. XVII. façade et plan. La disposition intérieure du bâtiment, outre le moulin, est comme il suit dans le plan.

A. Logement du méunier consistant
    1. en une chambre
    2. un cabinet
    3. cuisine
    4. pièce attenante.
B. logement des garçons méuniers
    5. chambre
    6. cabinet.

L'on peut arranger dans l'étage supérieur quelque appartement de maître, ou pour le rafraichissement de ceux qui se promènent, ou enfin pour serrer quelque provision; le dessus de tout le bâtiment peut servir de grenier.

Pl. XVIII.

Reposoir dans le goût gothique.

Ce petit cabinet ou reposoir gothique peut être regardé comme le pendant du banc en ancien style Pl. XIII. Les Anglois le nomment du mot espagnol posada. Le dossier est de planches habilement ajustées. Les deux côtés ainsi que l'étroite bordure sont de petites branches de bouleau. Ensuite viennent encore trois idées pour chaises à employer dans un jardin.

Fragments tirés des essais de Masson.

Ramarques.

Beauté et convénance dans un établissement champêtre semblent principalement fondées sur une différence exacte entre contraste et disconvénance. Il est prèsque impossible d'indiquer des bornes précises pour tous les cas. Un oeil exercé ne tardera pas à remarquer cette différence dans les objets qu'il a sous les yeux. En général on a très justement remarqué que la confusion nait de ce qu'on accumule dans une scène ce qui distribué de suite en deux seroit très agréable. A Paine's-Hill les bords de la mer sont excellement contrastés par la nature sauvage à l'autre extrémité de l'arc. Les scènes distinguées les unes des autres par des masses suffisantes de bocages, produisent au moyen de ce contraste, un effet étonnant. Sans cette détermination précise, l'absurde seroit devenu frapant.

Vistas.

Le contraste de la lumière et des ombres est d'un grand effet pour allonger ou racourcir l'étendue des vistas. L'objet de l'extrémité se trouve-t-il trop près? Il faudroit à quelque distance pratiquer une grosse masse de lumière, vers le côté détourné. La différence des parties intermédiaires et du degré proportionnel des ombres semble en éloigner la fin. Est-il au contraire trop éloigné? Il faut l'éclairer à proportion. Ce dernier moyen est de facile exécution. Il paroit qu'on a coutume d'y employer la blancheur des objets — mais trop fréquemment quand le contraire seroit justement préférable. Je ne voudrois pas prescrire d'achever une vista par quelque bâtiment, un objet naturel quelconque est souvent plus agréable, principalement si le point de vue n'est pas éloigné. Quelque ouvrage ou l'art et la nature se trouvent réunis est ce qu'il y a de plus gracieux pour ces extrémités. Tout point de vue devroit avoir

pour terme quelque chose de plus qu'un ciel nud. Quelques uns, je le sais, ont
pour maxime, qu'une perspective claire, dans une forêt, ne sauroit être convénablement employée. C'est donner au génie de bornes trop étroites sans corriger le
jugement. La claire perspective d'une forêt brusquement interrompue ou terminée en
ceintre touffu, procure une diversité d'ailleurs difficile à atteindre.

Ce que l'on vient de dire des vistas a évidemment raport à ceux dont les côtés
ont un long espace pour perspective. Suthcote enseigne comment on en peut former
d'autres par les branches d'un seul arbre; il montre comment l'ouverture peut être
naturelle, aisée et pour ainsi dire un coup du hazard. Lyttelton et Shenston pro-
fitant de l'avis l'ont exécuté. Dans des mains inhabiles cela devient généralement
incompatible avec la beauté des arbres, ce dont aucun vista ne sauroit dédomager.

Conduire l'oeil à des extrémités particulieres qu'on nomme ordinairement vistas,
est un but favorit dans l'établissement des jardins, depuis qu'on en a banni la regu-
larité. L'on ne sauroit cependant nier qu'un goût outré en ce cas, a défiguré l'ancienne et peut-être aussi la nouvelle manière. Ç'à été l'origine des allées en étoile,
ou des perspectives droites et roides alloient se perdre loin dans les bois. Les ouvertures qui d'un seul point indiquent les trente deux vents se soutiennent encore.
Cette derniere espece d'établissement, me paroît très affectée, quand même chaque
ouverture, champêtre en elle-même, plairoit prise à part. Mais quand l'observateur
sans se retourner apperçoit une diversité de ces vistas; et à tous égards irréguliere-
ment distribuées; il n'y a rien dans le genre des paysages que je puisse desirer de plus

---

S o l.

Shenston a indiqué quelque marques particulieres concernant le sol et les a pro-
posées pour fortifier chaque effet dominant. A ses remarques on pourroit ajouter
encore une différence très ordinaire dans la nature, l'ondoyant et l'uni. J'appelle
ondoyant lorsque à peu de distance, le sol disparoit entièrement à la vue et ne se
remontre que dans un éloignement considérable. Je nomme uni, lorsque chaque
pouce le terre que l'on apperçoit est réellement sous les yeux. Les marques de l'un
et de l'autre méritent quelque indulgence. Mais il est à craindre que la plupart des
travailleurs modernes, afin de rendre visible les profondeurs intermédiaires,

n'aplanissent des hauteurs, plutôt que de se prêter à la forme ondoyante. L'uni à deux avantages: il amplifie le paysage; et n'a pas les obstacles visible de l'inégalité du coup d'oeil qui déplait naturellement à la vue. Mais on ne devroit point rechercher cette beauté, si elle étoit entièrement incompatible avec la situation de la surface ou avec la continuation uniforme d'un terrain escarpé.

<hr>

C l o t u r e.

Le principal but des hayes enfoncées est de réunir les scènes d'un paysage. On ne sauroit trop parfaitement les cacher afin de ne pas découvrir l'insufisance de l'exécution. Il ne faudroit employer pour les dérober à la vue aucun élévation de terrain, qui ne seroit pas naturelle, ce qui détruiroit le but de la réunion.

L'auteur des observations sur les jardins modernes, touche ce sujet p. 8. en parlant des fossés, mais c'est si superficiellement que, ou il ne connoissoit pas les regles de les employer, ou qu'à cause des difficultés, il n'a pas voulu prendre sur lui d'en indiquer la pratique. Le poëte du jardin anglois traite fidellement, livre second, le sujet des hayes enfoncées, et décrit comment on peut les employer au mieux pour faire illusion en déhors comme en dédans. Il confesse néanmoins que ces moyens quoiqu' enveloppés dans la profondeur de l'art, ne laissent pas que d'être défectueux.

Il y a un défaut capital qu'il s'éfforce d'excuser. Lorsqu'il dit que la faucille d'un côté et le bétail de l'autre, forment une espece de vert, cela est plus poëtique que juste. Le bétail laisse toujours quelque chose, ce que ne fait pas la faulx, et cela suffit à l'oeil ordinaire, pour marquer la ligne de séparation. Il est pourtant aisé de supléer à ce défaut en passant légerement la faulx par dessus la superficie. Par ce moyen les bornes extérieures de la faulx peuvent si évidemment être fixées, qu'il n'y a pas la moindre illusion à soupçonner; et la seule variation de l'agriculture ne nuira pas à l'harmonie du paysage. Là où cette liaison est aisée, nous admettons que „l'utile charrue et le bled ondoyant confinent au paisible puturage“ *Shipley.*

Mais où les clotures enfoncées sont visibles, elles decèlent tant d'art que pour faire quelque chose de bon, il faut fortement tàcher de les rendre invisibles, ou plutôt avoir recours à un autre moyen praticable, afin qu'il y ait de l'harmonie dans le paysage.

Le même poëte nous enseigne une autre manière d'ôter le coup d'oeil aux balustrades élevées. Pour y réussir on employe une couleur invisible. Le moyen seroit excellent si la théorie en étoit praticable. Je crois qu'il ne réussiroit pas. La recette dans le poëme est toute énigmatique, mais les matériaux sont explicables. Les doses proportionnées ne sont point déterminées, et je n'ai pu trouver de mixtion qui répondit à cet objet. Le principal usage de cette couleur pourroit ce semble être de cacher des portails dans ces clotures, s'il n'y avoit pas d'autre moyen de les cacher. Car étant impossible d'opérer une pareille illusion à une médiocre distance de la portée de l'oeil, on ne sauroit préférer une longue étendue de pareille cloture. C'est ce dont on n'a pas eu besoin à Parsfield, Hagley ou à Leasowes. C'est pourquoi il est à presumer que le seul défaut de génie pourroit rendre cette ressource nécessaire. Avec la plus grande facilité, dans ces trois endroits, l'on est conduit aux points de vue les plus frapants, non par les ouvertures d'un buisson, mais par des sentiers dont il y a grande apparance que la direction n'est point forcée. En un mot le cas présenté par le poëte sur la necessité des clotures, ne peut regarder que la phantaisie d'un possesseur qui prétend établir un chemin, là où il auroit mieux fait d'en choisir un à la manière de Shenston.

Le poëte remarque très judicieusement dans un postscript, que ces clotures sont très difficiles à cacher, tant dans le plan que dans l'exécution. Ce qui fait que ce sujet mériteroit d'être traité plus au long. Mais je repete ici que le principal but est qu'il y ait de l'harmonie dans les parties du paysage. Faire que plusieurs clotures soient comme réunies; donner au terrain et aux bâtiments l'apparence d'une étendue sans borne, peuvent être d'importants accessoires, mais on n'en devroit jamais faire un objet capital. Par raport à ce que l'oeil peut embrasser, Shenston dit: tout ce que nous voyons est du ressort du goût. Cependant sans égard à ce qui est réellement propriété, toute ligne de séparation, quelque foible qu'elle soit, est toujours un objet desagréable, et partout où elle frappe la vue sous cette forme, elle détruit l'harmonie du paysage. Il faudroit que le sol du local eut bien peu d'inégalités pour qu'on ne pût mettre aucune variation dans la manière de tirer cette étroite ligne, par des plantations de basse-crue, qui n'empêcheroient pas la vue. Il y a des arbrisseaux de toute crue jusqu'au liere rempant très propres à cet usage pour les jardins ainsi que le houx et les buissons épineux le sont pour les paturages. Un de principaux points de l'art du jardinier est de savoir s'il faut une cloture apparente ou non; s'il faut pousser les hayes au point d'en faire des bosquets. C'est ce que Mr. Price recommande p. 227. de son excellente méthode de mettre parfaitement les limites à l'abri. Mais dans l'exécution, je ne vois pas comment on peut y admettre des Ifs sans perpétuellement les garnir d'un entourage. Selon mon opinion, cela ne s'accorde pas avec son précepte: il faudroit du moins qu'ils fussent entièrement défendus de buissons épineux et de houx.

MAGAZIN

POUR

LES GENS DE GOUT

TOME TROISIEME

QUATRIEME CAHIER

Ameublement.

NOUVELLE EDITION.

LEIPSIC
CHEZ FREDERIC AUGUSTE LEO
1800.

MOSCOW,
CHEZ RISS ET SAUCET.

Fig: 1.
Fig: 2.
Fig: 3.

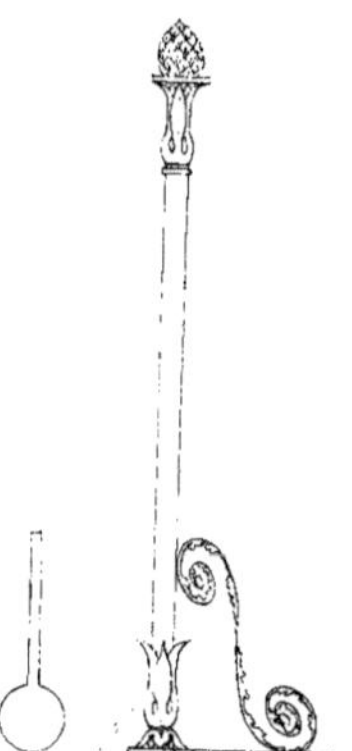

Pl. I.

E c r a n s.

Ces écrans peuvent d'autant plus volontiers être admis dans les pièces de parade, chambres de visite, boudoirs et autres, qu'ils sont en même-tems le produit de l'industrie du sexe, à cause du goût de la broderie qui y est employée, et qu'ils sont très propres à fixer l'attention des visites sur l'habileté de la maîtresse du logis. Des écrans dont on offre ici l'idée, fig. 1 et 3. sont pour fourneaux et fig. 2. pour cheminées. Fig. 1. est imité avec beaucoup de goût d'un modèle antique. Les anciens aimoient beaucoup au centre d'un quarré ou d'un cercle à placer la tête de Méduse, connue par la déesse Minerve sur le bouclier de qui elle étoit représentée, d'où ensuite de plus en plus embellie elle fut employée à orner des ustensiles. Dans les appartements, il n'étoit pas rare de trouver des parquets en mosaïque au milieu desquels on avoit incrusté une belle tête de Méduse, et dans quelques fabriques de tapisseries on trouve encore des papiers pour garnitures de parquets, où sont peintes au milieu, des têtes de Méduse. On trouve dans les plus beaux tapis à terre d'Ecosse, des têtes de Méduse au milieu, ainsi cette tête autrefois si simbolique, peut bien par habileté être aussi employée sur un écran. On a de belles estampes de la fameuse Méduse de Strozzi dans le cabinet de Florence, c'est l'idée que nous proposerions à une dame de broder d'après ce modèle sur son écran. Pour l'entourage l'on a choisi l'arabesque parce qu'il admet la plus vive variété dans les couleurs, ce que l'on aime beaucoup dans les broderies de cette espece. Dans ces meubles d'ornements dont l'usage suppose l'hiver, on part de l'idée qu'ils doivent faire contraste et par conséquent rapeller l'idée des fleurs et des attributs du printems et des plus belles saisons, c'est pourquoi, dans ces meubles d'agréments, les couleurs brune, noire et autres sombres qui ont eu nouvellement vogue, le goût étrusque devant dominer partout, sont desaprouvées des connoisseurs. Le satin ou autre étoffe à fond paille, bleu clair ou gris de perle, convient le mieux à cette broderie. Les cadres et le reste de la boiserie ont été exprès laissés ici en blanc, parce que c'est à la couleur dominante dans l'appartement auquel on les destine à déterminer celle qu'on doit lui donner. Les cadres de couleur claire dans les appartements foncés et dans ceux à fond clair, ceux de couleur sombre feront bon effet. L'on peut encore donner à ces écrans un plus grand air d'opulence en dorant les bordures et les rosettes ou en y ajoutant des moulures angloises.

Pl. II.

Deux chaises et un sopha à bouillons.

Le sopha et la première chaise appartiennent ensemble et on en peut faire la garniture complette d'un appartement. Les bouillons ou ondes pendantes, partout où l'on les employe avec choix et adresse, donnent un air d'opulence et de splendeur qui satisfait l'oeil et excite des idées agréables. On aime à les garnir de franges et de crepines plus ou moins riches à proportion du reste. Lorsque comme ici le fond de l'étoffe est paille, on le fait d'argent. En ce cas, les houpes des coussins peuvent être en crépines d'argent. Il y a plus de découpures et de sculpture à l'autre chaise, et dans le panneau du milieu une figure à l'étrusque. La boiserie paroit plus propre et plus élégante lorsqu'elle est vernie et peinte à l'encaustique. Du bois imbibé avec une figure subtilement attachée, peut fort bien y suppléer.

Pl. III.

Cadres de différentes grandeurs et à divers usages.

Les fréquents changements dans les encadrures de miroirs, sont une suite inévitable des variations rapides qu'éprouve la mode dans les décorations d'appartements et de meubles. Il est connu que les trumaux et les miroirs se disposent aisément de manière à pouvoir passer d'un cadre dans un autre. Comme ces cadres doivent toujours parfaitement s'accorder avec le reste de l'ameublement et surtout avec la couleur des murs ou de la tenture; on trouve dans cette planche divers modèles de cadres de

N.° 3.
1
d
d
d
a
a
2
b
3
c

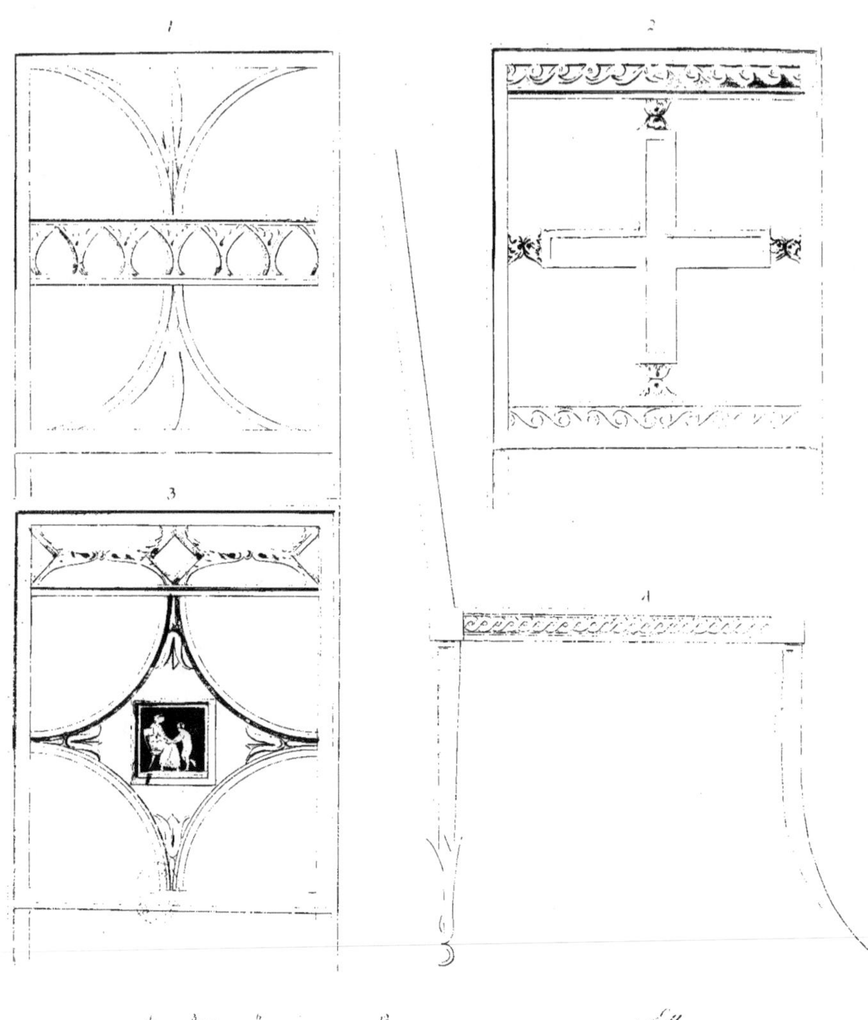

III. B².

miroir, que l'on peut en ce cas assortir aux autres ornements. Ils sont outre cela
fort à recommander comme modèles pour miroirs qui doivent être placés à demeure.

No. 1. peut être de mahagoni ou d'autre bois imbibé brun foncé et verni·
Un feuillage doré fait le tour du miroir; le sommet est orné d'une couronne de nar-
cisses, laquelle pour plus de durée sera faite de fer battu, recouvert d'une couleur
et d'un verni par dessus. La glace est entourrée d'une moulure dorée. C'est l'enca-
drure la plus simple et la plus sans prétension.

No. 2. enchasse la glace avec une simple verge d'or, et le reste du cadre est
sans nul ornement. Pour donner au miroir la hauteur desirée, on pratique dans le
cadre audessus de la glace une extension, et on met dans le panneau que l'on gagne
par ce moyen, de petits tableaux à l'étrusque ou à la grecque allégoriques à l'usage
de l'appartement. On pourroit par exemple, dans le sallon d'un jardin, bien employer les quatre figures portant corbeilles avec fleurs et fruits données ici pour
modèles dans le dessus miroir, si l'on a intention de le meubler élégament, sans
faste, mais avec un goût parlant. Il seroit aisé par quelque attribut de faire signifier
à ces figures, les saisons le tems ou les heures, à l'exception que pour les heures,
elles ne doivent être qu'au nombre de trois.

Le cadre No. 3. est orné d'un filet de perle doré. Dans l'espace d'en haut,
l'on voit un vase que les figures rouges sur fond noir, montrent être étrusque; l'on
peut pour cela à présent se procurer à bon prix les beaux desseins de vases de Tisch-
bein d'après la fameuse collection de Hamilton à Naples. Les deux figures annon-
cent le caractère de l'appartement, où l'on peut convenablement placer ce miroir, un
bain, ou une chambre à coucher.

Dans le No. 4. le membre doré composé de grosses goutes d'or, prend tout
autour presque la moitié du cadre. Dans le dessus sont représentés des oiseaux se
baignant et s'époussetant dans une coupe. Le troisième volume des peintures de
Herculanum offre de très jolies idées à cet égard et dont on peut encourager l'imitation.

Pl. IV.
C h a i s e s   e t   d o s s i e r s.

L'on trouve ici trois dossiers de chaises pour divers ameublements, qui naturellement doivent être d'accord avec les autres ornements. Des chaises d'après le modèle

No. 1. conviendroient fort bien dans une salle à manger d'ancien goût tudesque ou gothique, en leur donnant à volonté une couleur claire ou foncée. No. 2. dans celle d'un goût mixte. La croix du milieu n'est pas de forme antique, mais les ornements arabesques audessus et audessous, font un assez joli effet. No. 3. est la forme la plus élégante qu'on ait trouvé convénable dans le goût antique. L'on préfere à présent à tout autre, les petits tableaux grecs en médaillon, ou en ornement quarré au milieu du dossier. L'idée réprésentée ici d'une nymphe caressant un amour pourroit se multiplier autant qu'on voudroit, principalement des pierres antiques gravées, dont le Museum Florentinum donne des copies dans le premier et second volume. No. 4. Profil d'un bois de chaise. Il ne faut point outrer la courbure en avant des pieds de devant, comme cela commence à devenir à la mode parmi les imitateurs de l'antique. Il faut se rapeller que les anciens chez qui ces pieds de chaise paroissent fort recourbés en avant, ne se servoient jamais de ces sièges à table ni pour s'asseoir à côté l'un de l'autre, ayant des sophas exprès pour cela; tandis que parmi nous il resulteroit nombre d'inconvenient et de grands embarras de ces courbures poussées trop loin.

Pl. V.

Lampes   de   verre   et   de   composition.

L'on connoit l'infinie diversité et le goût que les anciens Grecs et Romains avoient su donner à leur lampes. La matière de ces lampes antiques, dont quelques unes ont franchi un espace de plus de mille ans, n'est d'aucune valeur, n'étant ordinairement que de terre cuitte ou d'argile qui n'a été ni raffiné ni purifié. Mais les jeux de la configuration, les idées heureuses et même ingénieuses, quoique d'un goût baroque qui servent à tenir le lumignon, tous les êtres de la nature et de la fable metamorphosés en bougeoirs, méritent dans ce qui nous en reste une véritable admiration, et fournissent à l'artiste décorateur, une source inépuisable de nouvelles combinaisons. Ces sortes de lampes ne sont plus en usage parmi nous. Si la mode en revenoit, il faudroit que nos potiers devinsent sculpteurs et eussent étudié l'art de figurer le platre, dans toute l'étendue de l'expression. Nos fayences, nos porcelaines même ne sont pas en état de remplir ce vuide. On y remarque encore que trop souvent l'absurdité du goût chinois.

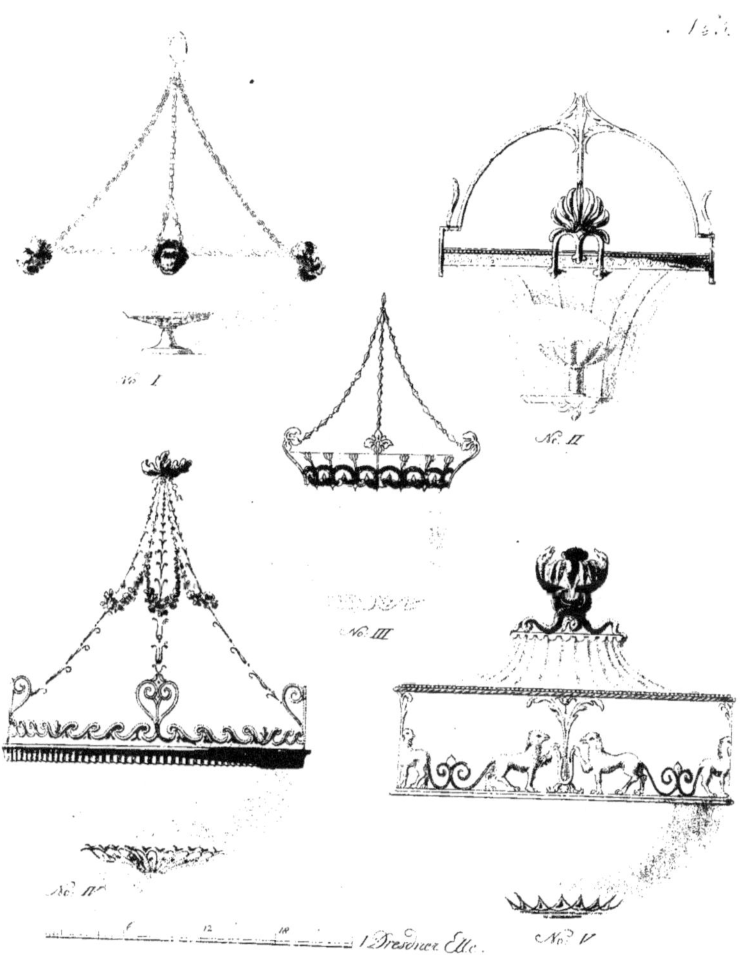

No. I
No. II
No. III
No. IV
No. V
6   12   18   1 Dresdner Elle.

Il nous faut donc avoir recours au verre, dans la pureté cristaline, la taille et la politure duquel nous avons une supériorité décidée sur les anciens. Pour nous en servir avec avantage, il faut placer la lampe dans la concavité du verre pour que les rayons de lumière puisse pénétrer au travers, les anciens au contraire, plaçoient leurs lampes sur de hauts candelabres qui par d'excellentes moulures et la valeur du métal faisoient partie du luxe mobiliaire.

Les trois premières des lampes représentées ici sont de verre. Les ornements de Nn. 1. consistent en quatre têtes de lion de métal finement dorées, mordant quatre chaines de bronze partant de l'anneau supérieur. Une legère guirlande de feuillage en or entourre le bord du verre. La lampe No. 2. a dixhuit facettes affermies dans un cercle orné. Il en part quatre arcs en arabesque, qui se réunissent en haut et forment une espece d'ouverture par où passe le cordon. Il n'est pas nécessaire de dire que ce cordon peut être masqué par des rubans et divres autres ornements, mais sans excès. La lampe No. 3. a la forme ordinaire et simple d'une cloche. Elle est garnie d'une ceinture de métal doré de laquelle partent quatre calices de tulipes, quatre filets de cristal y sont attachées, et qui servent à pendre la lampe.

Comme on n'aime pas partout la lumière trop éclatante que réflèchit le cristal, et que souvent on préfère une clarté foible par exemple dans les chambres à coucher, boudoirs et autres, rien de plus propres à remplir ce but que les vases composés d'un verre mat qui se fabriquent depuis quelque tems, d'une bonté et d'une élégance particulière, dans la manufacture électorale de glace à Dresde, et se trouvent dans un magazin à Leipzig. Les deux lampes suivantes sont de verre de cette composition d'une blancheur lactée.

Le bord supérieur de No. 4. consiste en un ornement de métal doré, audessous duquel se joint un anneau de bronze crénélé. Le fond est muni de quelques petites décorations peintes, qui servent à masquer la lampe qui y brule. Quatre ornements damasquinés s'élevent du cercle supérieur, quatre verges de métal vernies en brun avec des feuilles de tulipes y sont attachées. Elle montent jusqu'au crochet qui est recouvert de feuilles de chêne. Autour des verges descendent des guirlandes de fleurs artificielles très bien imitées.

No. 5. se ferme avec une rosette de feuilles de divers couleurs disposées en prisme, à laquelle deux petits serpents, décoration favorite des anciens pour anses et poignées, entortillés ensemble, rempent vers le haut. Huit grifons de métal doré en relief tiennent deux à deux vis à vis l'un de l'autre une fleur de fantaisie, laquelle tient à la bordure supérieure. Le couvercle est emboité dans cette bordure ou cercle de métal. Ce couvercle est rayé et se termine en tige de fleurs autour de laquelle les srepents circulent.

L'on peut remarquer que tout ce qui est ici jeaune est de métal doré, ce qui est en bronze est représenté en verd.

Pl. VI.

B u f e t.

L'antiquité pourroit encore nous fournir des modèles de goût pour un meuble si nécessaire dans une salle à manger. L'on aimoit à exposer sur des tables, les vases que la matière ou l'ouvrage rendoit précieux, les bocals de diverses grandeurs, les coupes et les petits gobelets, ces tables décorées au mieux s'appelloient abaques. Mais l'or, l'argent et les pierres précieuses dont ces objets étoient ornés est un luxe presque inconnu parmi nous. Nos verres et flacons ne peuvent donc que rarement faire parade sur nos bufets, à moins que nous n'eussions des vases et des coupes d'une beauté particulière, comme par exemple, le rénommé verre bleu à bords d'or ou quelque chose de pareil à exposer pour parade. La vraye destination d'un bufet parmi nous, est que la verrerie qu'on y renferme se conserve propre et sans poussiere. Il doit donc pouvoir se fermer comme toute autre armoire, et être d'un extérieur tel que comme meuble, il puisse décorer une salle à manger. C'est d'après ces idées que le modèle ci-joint à été projetté.

La partie inférieure sert à renfermer la verrerie, la porte y sert d'ornement et peut se fermer à clef. Le dessus offre un espace suffisant, par le moyen des rayons saillants, pour placer pendant le repos, les verres et les bouteilles. L'entre deux peut également s'ouvrir et se reculer pour fournir place ou poser quelque vaisselle, par le moyen de quoi ce meuble deviendroit d'une double utilité. Le fond peut être gris d'argent, les panneaux verts ou bleus. Si l'on y ajoute des festons ou des arabesques de quelque couleur claire, cela donneroit au tout un bon relief. Le médaillon d'en haut garni d'un legère bordure, peut recevoir une petite figure, et pour plus de propreté on recouvre le tout d'un verni durable.

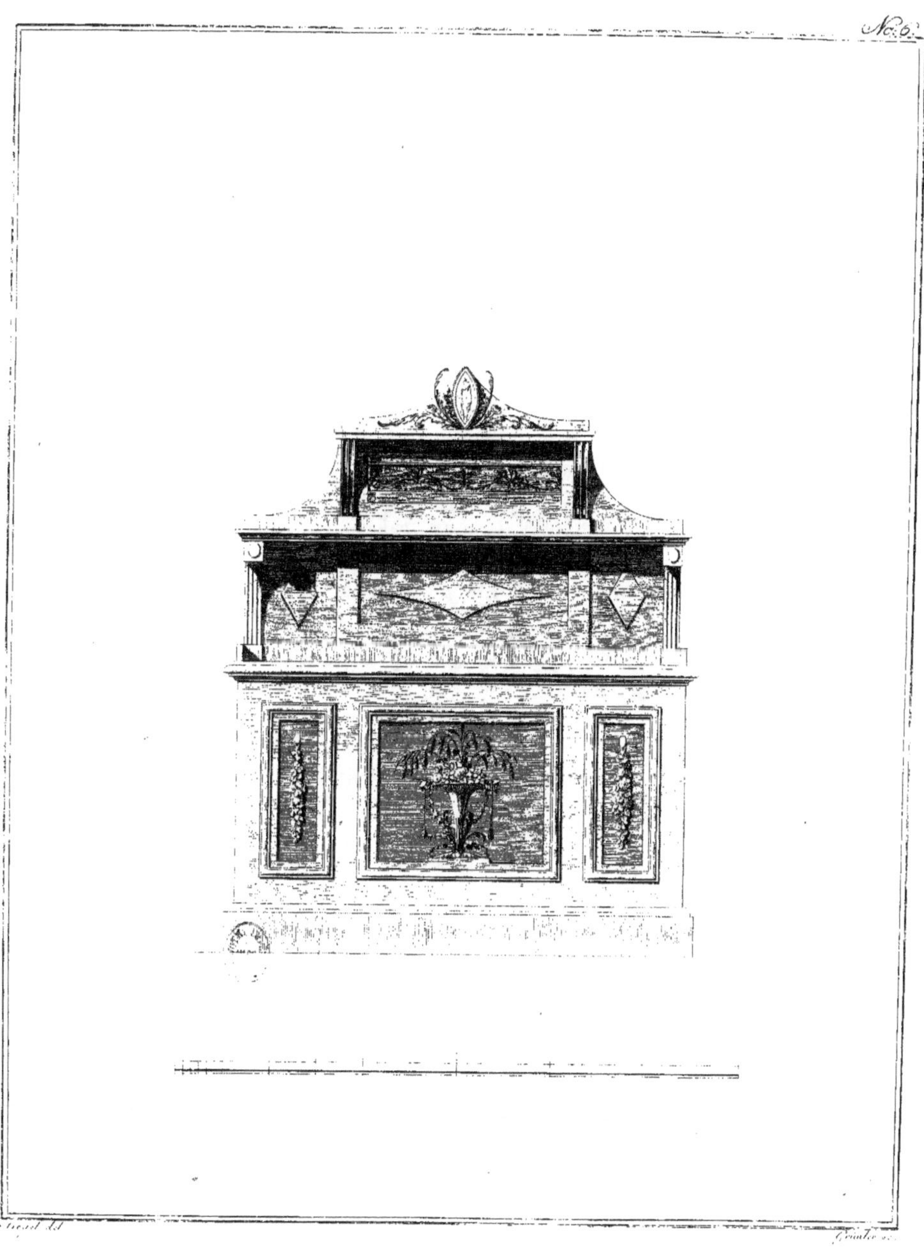

MAGAZIN

POUR

LES GENS DE GOUT

TOME TROISIEME

CINQUIEME CAHIER

Ameublement.

NOUVELLE EDITION.

LEIPSIC
CHEZ FREDERIC AUGUSTE LEO
1800.

MOSCOW,
CHEZ RISS ET SAUCET.

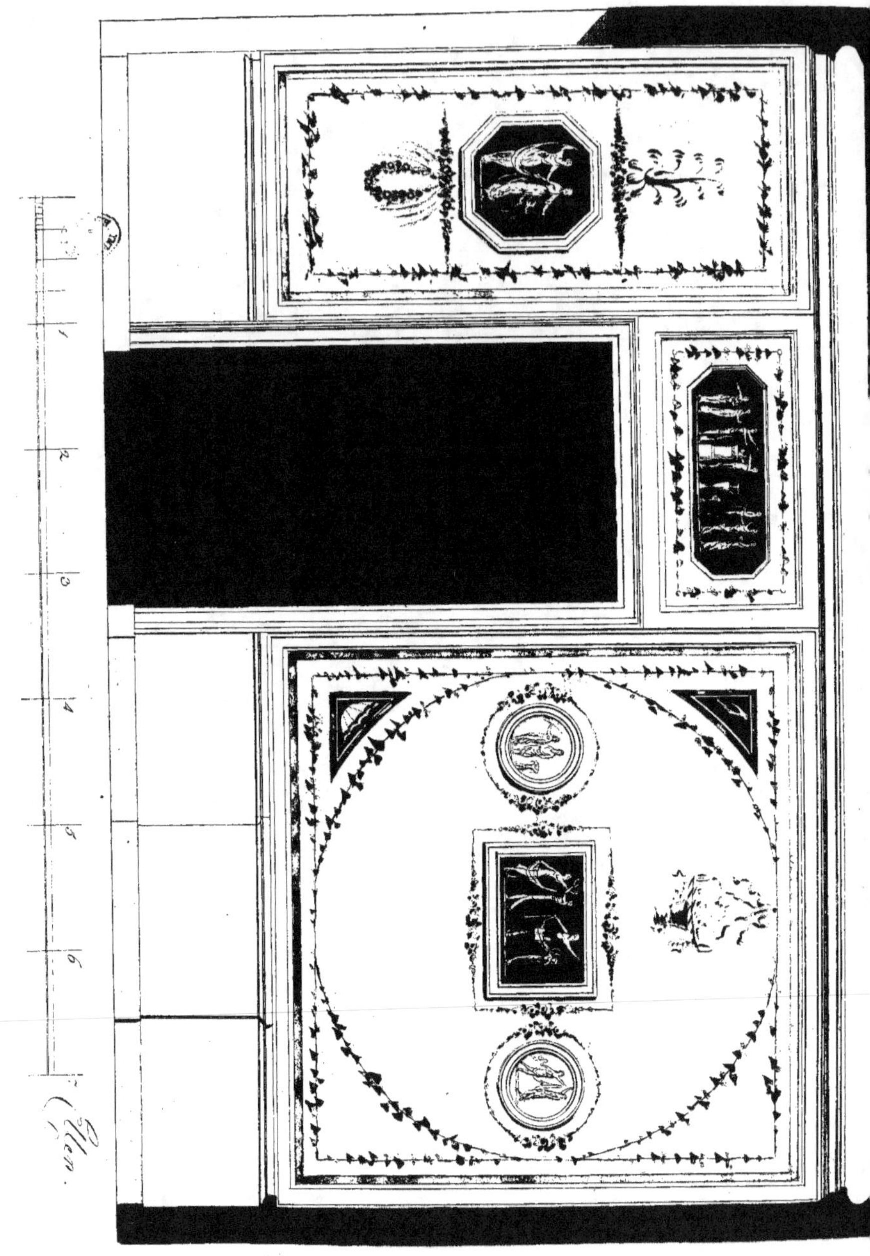

1 2 3 4 5 6 7 8 9 10 Dres Ellen.

Planche I.

Ornements dans une chambre de visite.

Un fond verd est constament la couleur favorite de la vue, et comme on le voit dans le modèle, il est susceptible d'une grande variété de décorations en lacs, festons et guirlandes pour bordures, et en peintures grandes ou petites dans le goût antique qui peuvent être exécutées sur papier pour superportes, médaillons ou panneaux. Les sujets présentés ici seulement pour exquisses, représentent des fêtes anciennes, des sacrifices et des danses copiées des tableaux de Herculanum conservés dans le musée du roi de Naples à Portici. On peut les comparer principalement avec la seconde partie de peintures de Herculanum. Comme ce précieux ouvrage n'est pas à la portée de tous les amateurs; on apprendra peut-être avec plaisir, que dès à present on peut avoir les plus beaux profils de desseins antiques principalement ceux dont on peut faire très bon usage pour décorations d'appartements, au prix le plus honnête, au bureau d'industrie à Weimar, sous le titre de cahiers ostrakographiques.

Pl. II.

Chambre de visite.

L'on voit ici à droite et à gauche de la porte deux différents modèles représentés. Celui de la droite plus simple en ce qu'il n'est composé que d'une guirlande de fleurs, dans laquelle est renfermé un panneau vuide. Celui de la gauche est plus varié et plus embelli par le vase rempli de fleurs du milieu et la legère arabesque qui en sort. Les bordures sur fond bleu, qui formant une ligne étroite tiennent lieu de pilastres, et en deux divers modèles que l'on peut varier, font le tour de la chambre et produisent bon effet.

Pl. III.

L'on aime à donner aux vestibules et avant-pièces, un air de force et de solidité. C'est le caractère que l'on a observé dans cette planche où au défaut de mur massif, la peinture ou la tapisserie imite la pierre de taille en quoi il faut que les ornements supérieurs s'accordent. Un tronc de terme sert de pied-estal à un buste de plâtre ou de quelqu'autre matière, mais bronzé par raport à la propreté. Il est essentiel que les quatre ou six bustes qui pourroient avoir place dans une pareille piece, soient d'une même classe et du même ordre.

Pl. IV.

Le caractère de cette décoration doit plaire par son élégante simplicité. Des murs peints en jeaune pâle avec des arabesques à traits déliés, produiront le mieux cet effet. Des tableaux effectifs déceleroient trop l'envie d'attirer l'attention. C'est pourquoi le plat-fond donné ici pour exemple, ne doit pas s'émanciper jusqu'à contenir des figures réelles.

Pl. V.

Supposé qu'un homme de goût habitant la campagne, un cultivateur, voulût, relativement à l'économie son occupation favorite, décorer une vaste pièce, ou enfin une maison de campagne avec les attributs de l'agriculture: Il trouveroit dans cette planche une agréable diversité d'objets champêtres propres à être employés comme décorations. Tout y annonce la plénitude des jouissances. Les emblèmes de l'agriculture et du jardinage, exécutés en haut dans les demi-cercles; le génie du matin représenté dans le panneau du milieu; quelques oiseaux de la volaille de la basse-

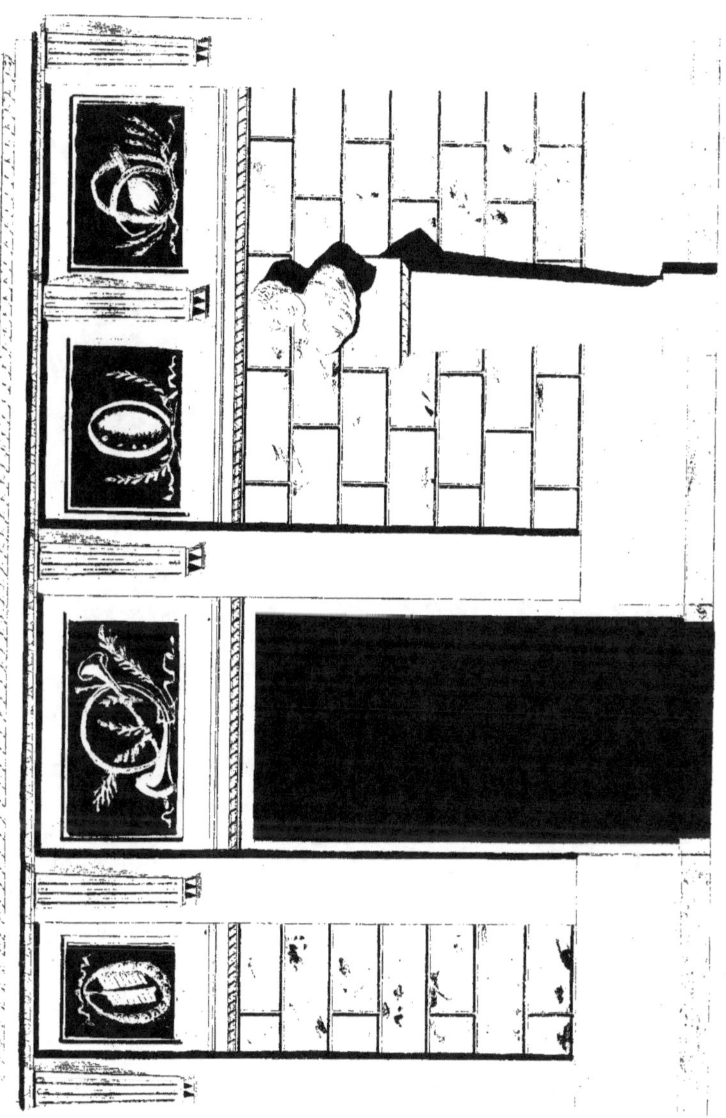

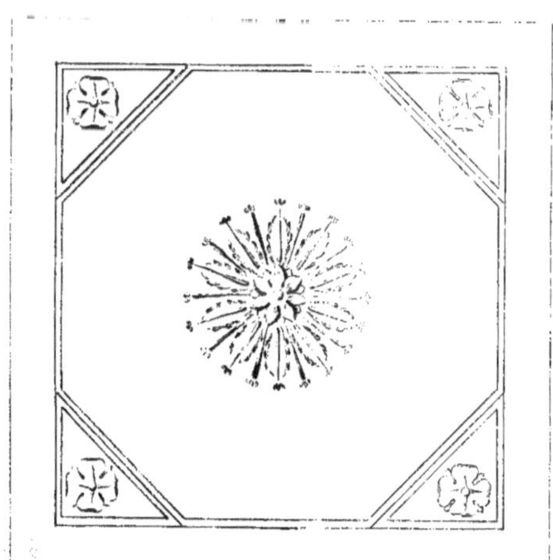

III. B.

cour; jusqu'aux entourrages de jardins imités dans le lambrissage, tout a rapport aux occupations et aux innocents plaisirs de la vie champêtre que chacun désire, et que très peu savent goûter.

Pl. VI.

Salle de chevalerie dans le goût gothique.

Nombre de maisons de campagne sont d'architecture gothique et avec cela si solides et si commodes que les possesseurs se font scrupule de les moderniser ou de les defigurer par des additions ridicules d'un étrange goût antique. Dans ces bâtiments et dans ceux à la gothique pratiqués dans les jardins anglois, une salle décorée dans le style gothique de l'ancienne chevalerie, avec toute l'élégance dont une pareille décoration est susceptible, ne scroit aucunement déplacée. Des casques avec des panaches, qui pourroient être de diverses couleurs pour donner plus agréablement dans la vue, des armatures avec des écharpes bigarrées, des lances, des glaives, des haches d'armes en sautoir, des trompettes et des trophées peuvent alternativement figurer dans les panneaux comme cela se voit dans cette planche. Le superporte offre un groupe ayant à ses pieds à droite et à gauche, les armes de familles alliées par mariage. La travaison faite d'après le modèle d'anciens écuffons, se montre en profil dans les incisions qui reçoivent les poutres de travers.

MAGAZIN

POUR

LES GENS DE GOUT

TOME TROISIEME

SIXIEME CAHIER

Idées pour les amateurs de Jardins.

NOUVELLE EDITION.

LEIPSIC
CHEZ FREDERIC AUGUSTE LEO
1800.

MOSCOW,
CHEZ RISS ET SAUCET.

III. B².

Planche XIX.

Idées pour sièges et tables dans un Jardins.

Dans les canapés et autres sièges, la commodité doit être si étroitement unie avec l'élégance et l'attrayant de la forme que néanmoins l'air champêtre qui en fait le principal caractere n'en soit pas entièrement détruit. Un siège pour être commode ne doit être ni trop haut ni trop bas, avoir la profondeur nécessaire, les angles arrondis autant que possible et sans acrochement, afin qu'étant assis rien ne froisse les habits ou blesse les membres. Selon la saison ou les besoins de la santé l'on cherche dans un jardin à s'asseoir dans un soleil bienfaisant, ou plus fréquemment dans une ombre rafraichissante qui invite au repos. Cette planche offre des exemples de l'un et de l'autre. No. 3. est un banc pour s'asseoir au soleil pendant le printems, dépourvu de tout ombrage, la construction entière en annonce la sécheresse. L'on peut avantageusement substituer au dossier d'élégantes tresses de paille. No. 1. et 2. sont destinés pour être placés à l'ombre dans une obscurité rafraichissante. L'agrement et l'élégance de la forme seconde condition nécessaire à un joli siège dans un jardin n'ont pas été oubliés dans ces dessins. Le caractère champêtre y a été soigneusement conservé. C'est tantot un banc de gazon, du dossier duquel s'éleve un arbre repandant d'amples ombres. C'est là dessous que l'enfant matinal de la nature établit son reposoir. Le berger grave sur l'écorce de cet arbre le nom de sa bergère, et le poëte un vers à la nymphe ou au génie de ce lieu. L'enlèvement de l'écorce à l'arbre représenté ici, est seulement pour l'indiquer: mais il est sûr que par une jolie saillie gravée de cette manière, la place reçoit un nouvel agrément sans qu'il soit nécessaire en ôtant toute l'écorce de rappeller le souvenir de la mort d'une dryade, dont la vie a du s'éteindre à mesure que l'arbre s'est desseché. (Il s'entend qu'en posant des sièges de cette manière qui sont à demeure, l'on calcule sur un vis-à-vis intéressant, une perspective, une chute d'eau, un monument et ainsi du reste, et que ces places ne doivent pas être trop multipliées, mais plutot distribuées avec une sage économie.)

Les deux tables représentées à côté, principalement la première, portent le caractère de la nature champêtre comme il a été indiqué plus haut. Le tronc d'un arbre coupé est la table la plus naturelle dans un lieu sauvage. Elle n'a de l'art que quelques accessoires ou ornements.

Pl. XX.

P o n t s.

.L'idée No. 1. représente un grand pont de pierre gothique, No. 2. et 3. de plus petits par dessus canaux et ruisseaux. No. 4. toute sorte de garde-foux, Le pont gothique passe par dessus une petite rivière divisée au milieu par une île, et par ses arcs aigus tant aux murs qu'aux garde-foux porte entièrement le caractère qu'on appelle gothique ou pour mieux dire, de l'architecture maurisque. A l'extrémité du garde-fou, il y a d'un côté une niche pour un saint, comme cela se voit fréquemment aux anciens ponts.

L'on remarquera par raport aux garde-foux, qu'il est avantageux d'en munir chaque balustrade d'une traversine par en bas comme on le voit dans la planche, afin que dans les tems pluvieux, les parties déliées ne soient pas sitôt exposées à la pourriture.

Pl. XXI. XXII.

C h a p e l l e s   g o t h i q u e s.

Ce qui a été dit des hermitages en petit, peut s'appliquer en agrandissant les proportions aux bâtiments solitaires qu'on appelle chapelles gothiques, cette sorte d'architecture étant la seule convenable à l'espece d'édifices originaires des tems où toute autre forme étoit inconnue. L'emplacement le plus caché est ce qui convient le mieux à ces chapelles, afin qu'en les appercevant subitement l'on soit saisi d'une sainte horreur. La Pl. 22. en représente de cette espece. La représentation Pl. 21. a plus de jour et de clarté, mais reste encore dans un certain éloignement de la vue publique. Le plan poligone tient déjà à une architecture mixte et s'écarte un peu du pur gothique. Ces chapelles sont proprement dans nos jardins septentrionaux, ce que dans des climats plus chauds sont les grottes dans le roc, et c'est de là que devroient être tirés toute disposition et tout ornement tant intérieur qu'extérieur. Il est d'ailleurs à peine nécessaire de remarquer que comme le redoublement ou multiplication d'ermitages ou solitudes dans l'enceinte d'un jardin, est entièrement déplacée, parce que

N.º 21.
III. B.

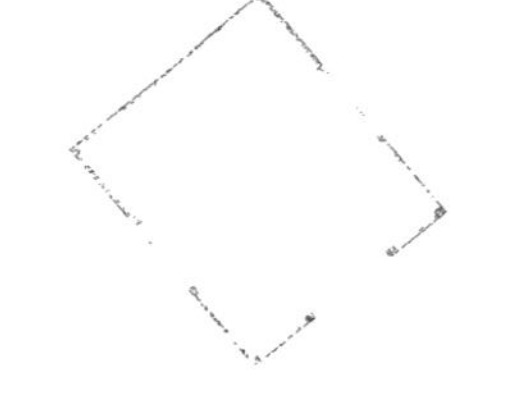

N.º 22.
III. B.

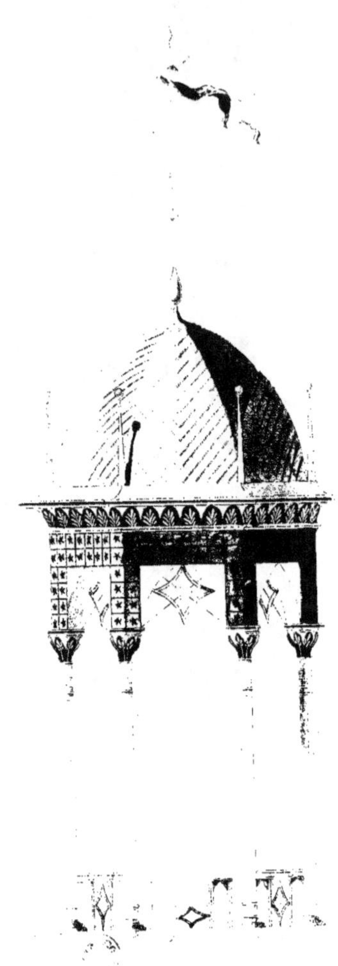

III. B.

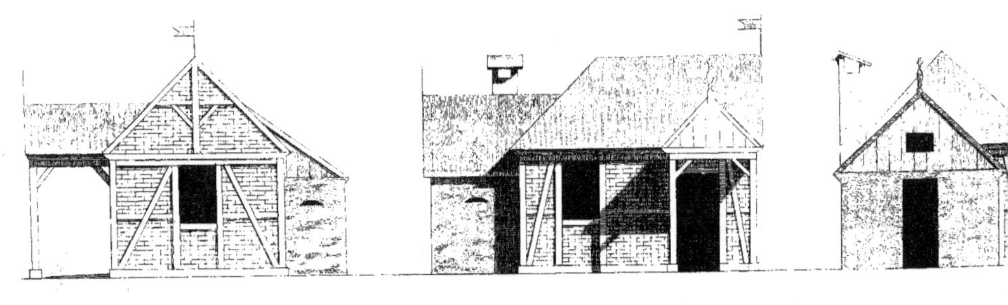

III. B⁶.

par cela même il n'y auroit plus de solitude; la pluralité de chapelles dans ce goût sur un terrain peu vaste seroit encore plus absurde et plus choquante.

Pl. XXIII.

Pavillon avec sièges et banderole.

Au-dessus d'une table entourrée d'un double siège, s'élève un pavillon ouvert de goût oriental, suporté par des colonnes déliées. Il peut se suposer au bord d'une piece d'eau, sur un gazon entourré de divers sapins et de saules pleurants, ou sur une colline au grand air, annonçant ce lieu par sa flamme. Les six ouvertures peuvent être en dédans garnies de coutil rayé, ou de toile verte, pour le garantir du vent ou du soleil. On peut lambrisser le plat-fond et y peindre une grande étoile en mosaïque. La légereté est le caractère de ce bâtiment d'une élévation si hardie. Le tout peutêtre de bois, mais les six colonnes sur-tout doivent être de bon chêne et bien affermies dans la terre. On coupera des bardeaux de biais pour couvrir la coupole que l'on peindra de couleur d'ardoise. Lh'iver l'on aura soin d'ôter la banderole.

Pl. XXIV.

Cabane rustique dans une partie à l'angloise.

Dans une partie disposée exprès, le cabanne représentée ici ne manquera pas son effet si par devant elle donne sur un beau tapis de prairies, et a par derrière un agréable bocage. On peut pardevant ou à côté avoir un petit enclos avec des groupes de fleurs et principalement d'herbes odoriférentes, comme on en trouve souvent auprès des chaumieres, telles que la sauge, le thim, le serpolet et autres.

Une chambre, un cabinet et une cuisine composent tout l'intérieur. La propreté se joindra à la simplicité champêtre. Ou bien pour le contraste, l'on surprendra par le luxe et l'élégance. Car quelque absurde que fût cette surprise dans un hermitage ou l'ame s'abandonnant à la mélancolie, en seroit tout à coup très desagréablement détournée par la magnificence intérieure; tout aussi cenvénabe est ici

ce dévelopement subit d'élégance, où l'on s'attendoit à une cabanne négligée, de se
trouver dans un joli appartement élégament orné. En tout cas il sera bon de pla-
foner entre chevrons, afin de donner à l'appartement une élévation convénable. L'extérieur imitera la brique avec jointures blanchies. L'on peut encore revêtir les
panneaux des séparations, en forme de torchis et pour la cuisine en celle de moelon
et garnir les jointures de mousse. Tout le toit peut être en paillassons. Les portes
et fenêtres seront rouges ou vertes dans le goût rustique. Le tout sans symétrie
apparente, néanmoins sans être ou dégoutant ou absurde.

L'éditeur de ce Magazin annonce un nouvel ouvrage sous le titre de L'architecture champêtre épurée,
ou Representations d'idées et d'exemples nouveaux pour bâtiments à la campagne, tels qu'eglises, maisons et
économies; pour édifices destinés aux amusements publics et privés et ceux d'un style sérieux, avec desseins,
et plans. L'explication en françois et en allemand. — Tout l'ouvrage consistera en 100 planches éxecutées par
quelques uns des meilleurs architectes et conducteurs de Saxe, il sera divisé en quatre cahiers in folio de 25
planches chacun.

Il paroîtra incessament un prospectus particulier concernant cet ouvrage chez F. A. Leo.

MAGAZIN

POUR

LES GENS DE GOUT

TOME TROISIEME

SEPTIEME CAHIER

Ameublement.

NOUVELLE EDITION.

LEIPSIC
CHEZ FREDERIC AUGUSTE LEO
1800.

MOSCOW,
CHEZ RISS ET SAUCET.

Pl. I.

Il faut dans nos climats septentrionaux, que tout appartement dont on veut faire usage pendant l'hiver, soit muni d'un tel autel pour le culte de Vulcain, c'est-à-dire, d'un fourneau, d'une cheminée, ou de tous les deux ensemble. Les cheminées ont cet avantage que construits, par un habile architecte, elles prennent moins de place, et que sous la main du sculpteur et décorateur elles peuvent former un des plus beaux ornements d'une pièce durement arrangée. Il en sera parlé ailleurs dans ce Magazin. Mais dans les contrées où le bon charbon de terre est rare et le bois à bruler très-cher, les excellentes cheminées économiques de Rumford s'introduiront parmi nous; mais jusque là les fourneaux d'épargne conserveront la préférence, et en ceci, on ne sauroit méconnoître le mérite des Lohemann, Dietrich, Chryselius, Schachtleben, Riem, Frank, Wustenau, Wagner, Steiner et autres habiles architectes et bons économes, dans l'agencement des fourneaux pour épargner le bois. Il faut avouer que ces fourneaux économiques réunissent pas toujours un extérieur aussi agréable que la disposition intérieure étoit utile; l'un étant autant à souhaiter que l'autre, puisqu'une grande partie de l'année le fourneau ne sert qu'à la parade, et que le peu de goût d'élégance et de grace de sa construction, devoient faire naître le plus vif désir d'en être entièrement débarrassé. A la vérité nous ne manquons dans ce moment-ci ni de projets, ni d'idées convénables à orner nos fourneaux avec élégance. Il est connu qu'on a employé comme parties supérieures de fourneaux les statues antiques, en fer fondu, en cuivre battu ou en terre de potier, ainsi que les statues en plâtre de Klauer, sculpteur de la cour à Weimar employées diversement à cet usage. Les beaux vases et les cylindres avec reliefs et figures en cuivre de Pflug, chauderonnier de la cour à Jena, ont obtenu le suffrage de tous les connoisseurs. Mais ces idées sont ou trop couteuses ou inaccessibles pour la plûpart des amateurs, ou la forme n'en permet pas au feu une assez libre circulation, ou enfin trop fragiles pour soutenir un feu continuel. Les gens de goût verront avec plaisir dans ce cahier diverses idées selon les lieux et les besoins, parmi lesquelles ils pourront choisir le modèle qu'ils voudront faire exécuter en métal ou en fayancerie.

La planche I. montre deux idées de fourneaux de métal avec dessus de fayance (recouvert en ce cas d'un verni convénable) ou de métal pour une grande salle à manger ou chambre de compagnie. Il n'est pas nécessaire d'avertir que la couleur n'en doit pas être en discordance avec celle qui domine dans la pièce. Mais il est bon de remarquer qu'à présent on aime à enchasser dans des fourneaux de métal, comme il est représenté No. 2. des médaillons de terre cuite ou autre matière avec figure en relief. C'est un pareil médaillon qui contient l'idée représentée ici. En ce cas, la grandeur du médaillon à enchasser s'indique en commandant le fourneau dans la fonderie, afin qu'en le jettant au moule l'on puisse y pratiquer la profondeur né-cessaire.

Les planches II. et III. nous offrent divers modèles de fourneaux économiques formées en conséquence et comment dans ces fourneaux l'on peut convénablement masquer les tuyaux et canaux qui y sont ordinairement employés.

Les planches IV. V. et VI. offrent une diversité d'élégants modèles, et les figu-res 1. et 2. Pl. IV. ainsi que les trois figures de la Planche V. sont de projets pour des formes de fourneaux en terre de potier, dont la fig. 1. de la Pl. IV. fait très-bon effet; les fig. 3. et 4. Pl. IV. et Pl. VI. fig. 1. 2. 3. sont pour être exécutées en tole ou en cuivre. Pour ce qui est du projet No. 1. Pl. VI. l'idée du feston auquel sont attachés des flambeaux, paroit bien amenée. Il faut seulement avoir soin que ce qui représente la flamme soit doré solidement avec soin et sans négligence. Les exago-nes de métal à petites tablettes sur lesquelles sont des masques de bronze fig. 2. sont très-élégament ajustées.

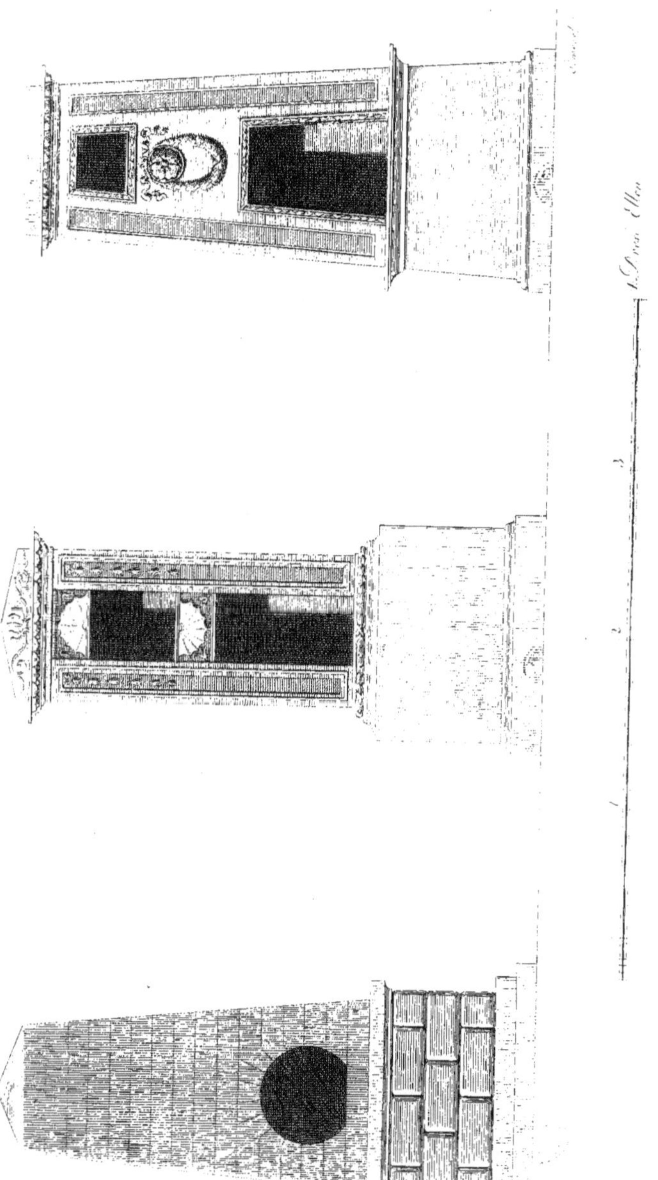

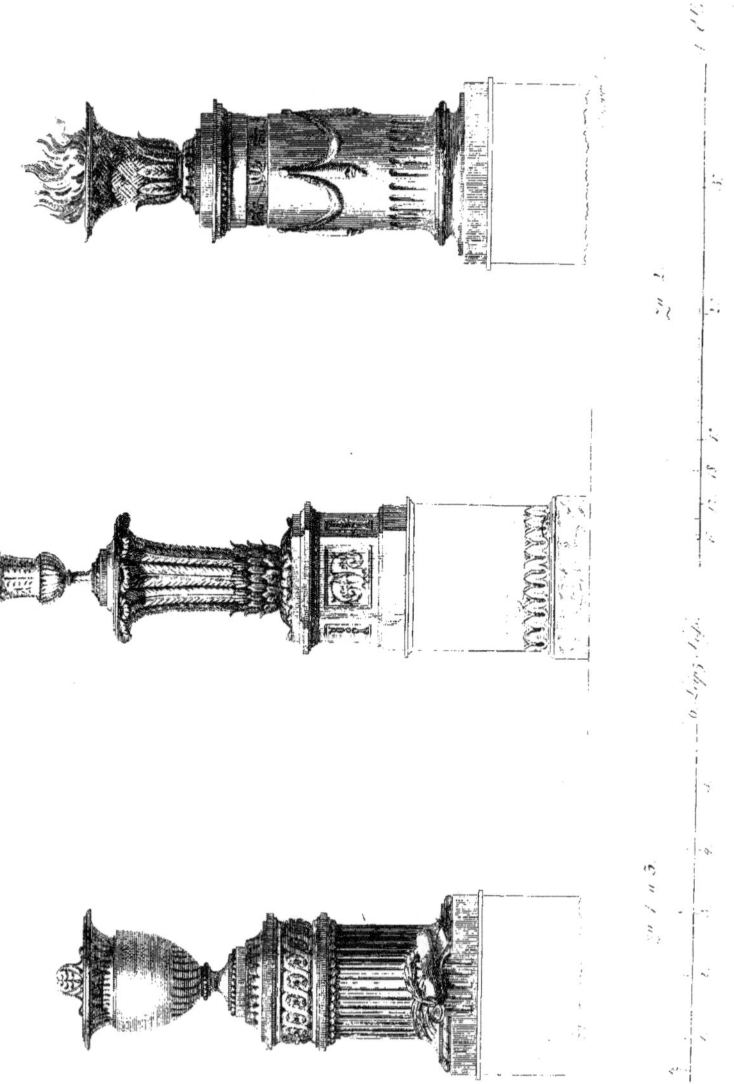

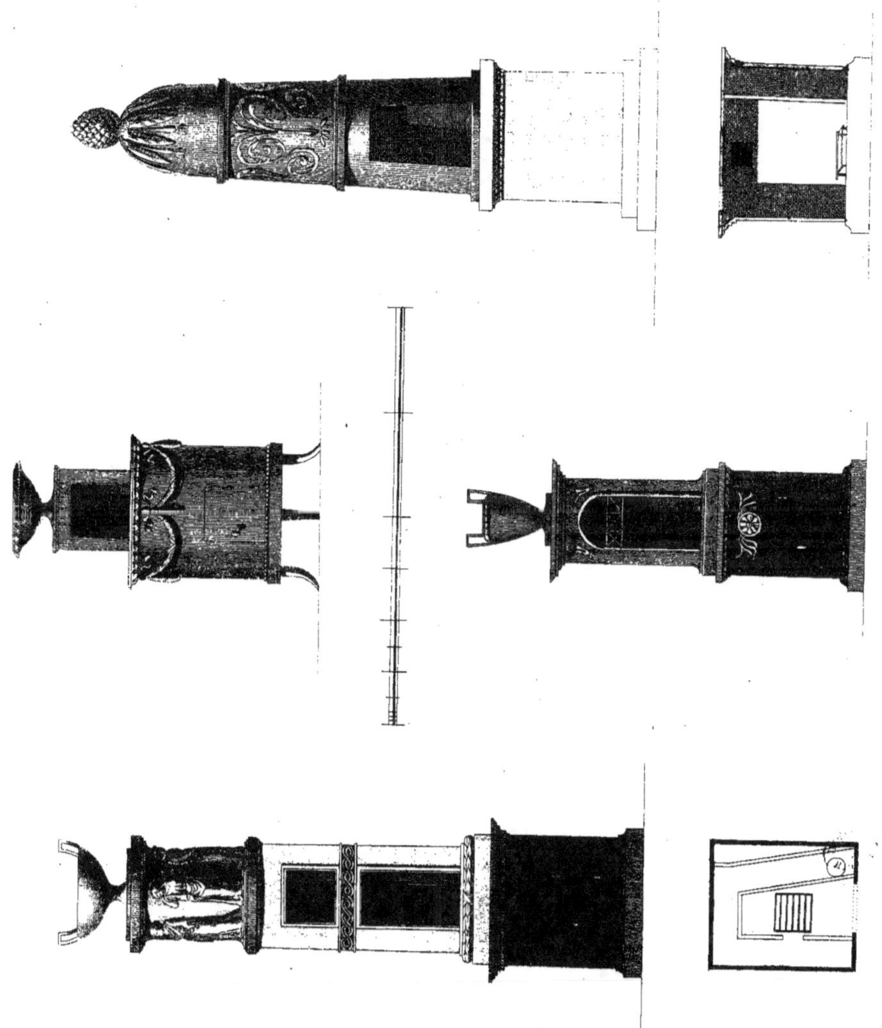

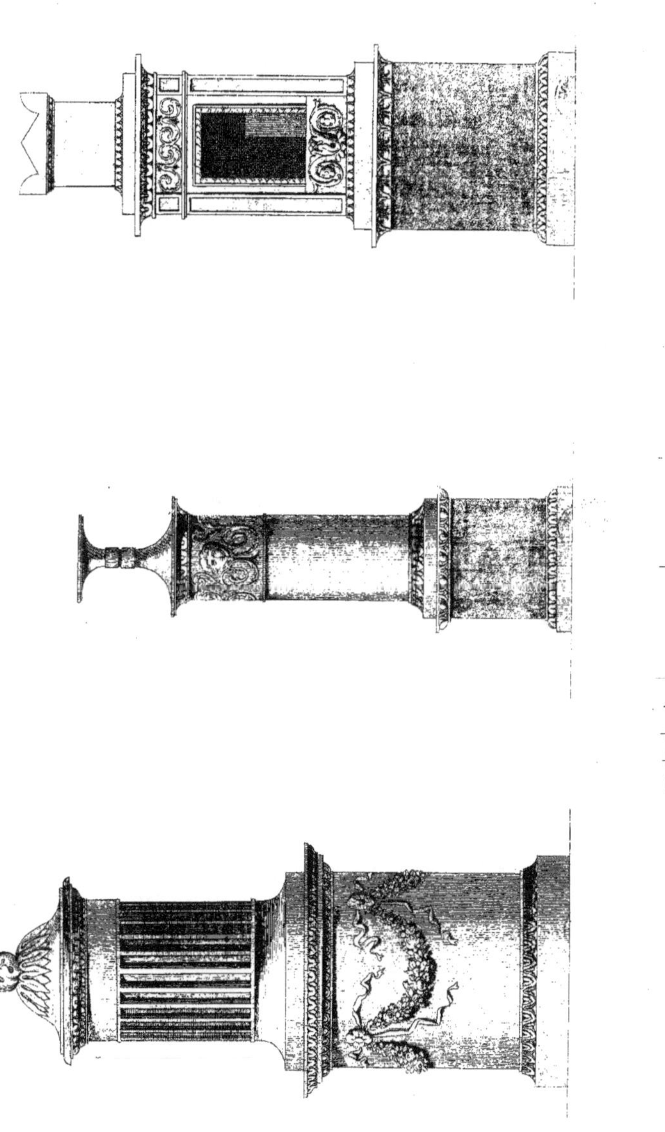

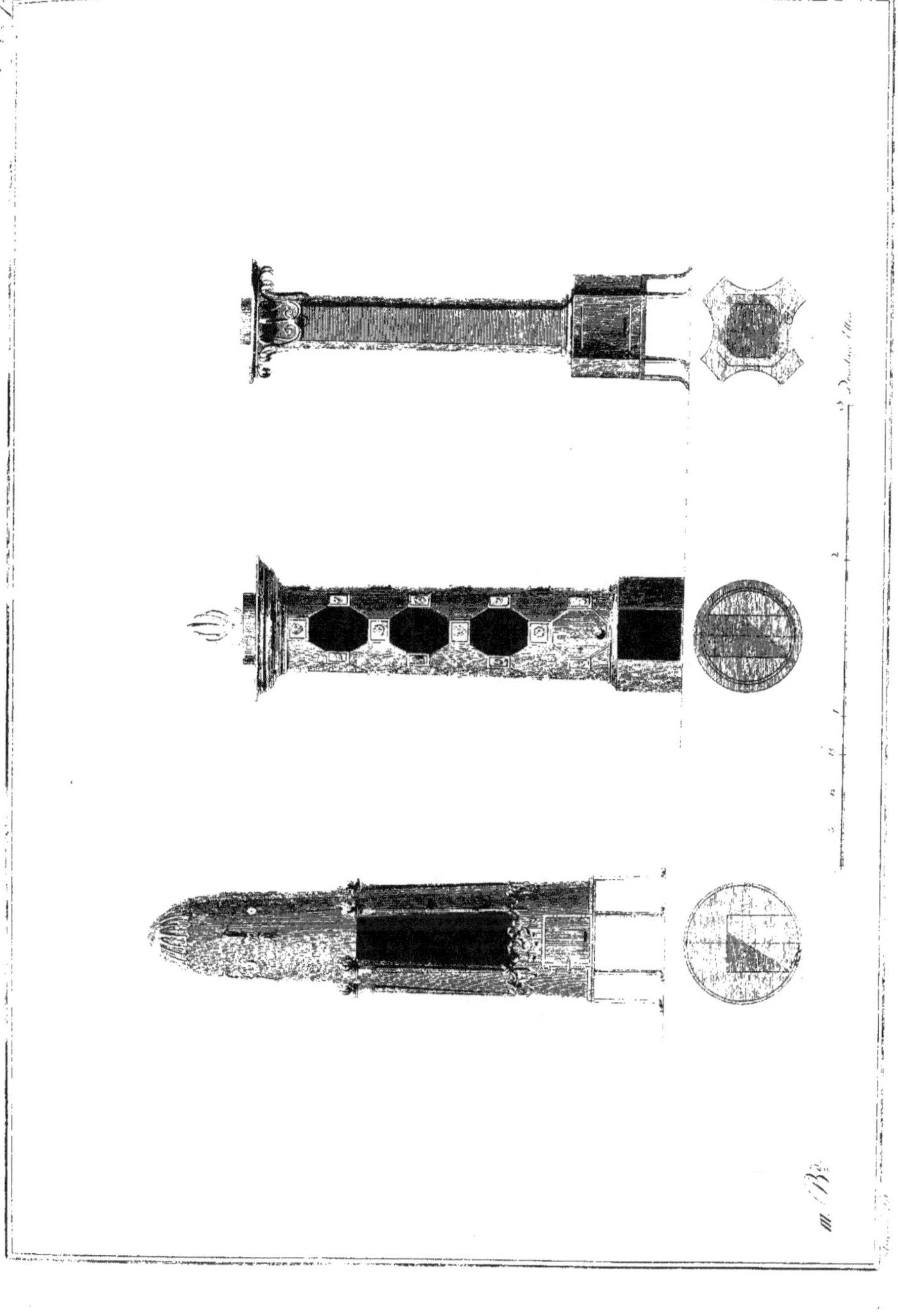

MAGAZIN

POUR

LES GENS DE GOUT

TOME TROISIEME

HUITIEME CAHIER

Ameublement.

NOUVELLE EDITION.

LEIPSIC
CHEZ FREDERIC AUGUSTE LEO
1800.

MOSCOW,
CHEZ RISS ET SAUCET.

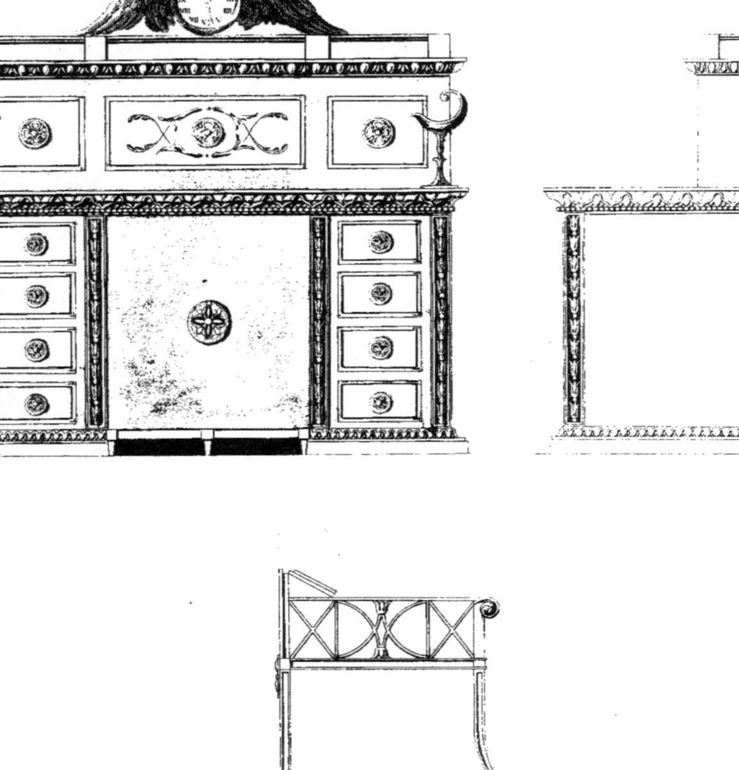
zu B.
2 Dresdner Ellen

III. B.

Pl. VII.

B u r e a u   à   c h a i s e.

Le Bureau représenté ici est muni de toutes les commodités, et des riches ornements dont un pareil meuble est susceptible. Il faut se le figurer de mahagoni revêtu de facettes bleues à bordures et rosettes en or. Le milieu est disposé pour être tiré en avant par le moyen d'une coulisse et offrir un siège commode, dont le profil est en bas représenté à part. A droite et à gauche de la table de ce bureau se voyent deux lampes dont le vase est de verre bleu, la monture et le pied de bronze doré. La pendule au dessus de la gallerie est dans caisse dorée ayant pour garniture l'hiérogliphe égyptien signifiant le tems.

Pl. VIII.

B u f e t   d ' u n   g o û t   t o u t   n o u v e a u.

Dans une grande salle à manger, l'on s'attend à voir bufets, credences et verriers métamorphosés en meubles ornés avec goût. Nos buveurs ancêtres prodiguoient à ces ustentiles, tout l'art de décoration gothique, et souvent en disposant avec art de grands bocals d'argent et des vases de verre à boire, sur lesquels étoint merveilleusement gravés des tournois et des villes, ils élevoient des dômes et des palais en pyramide. (Pour se faire une idée de nos pieux et buveurs ancêtres, il ne faut que voir la machine à boire dans la chambre d'armatures à Dresde, et les pintes d'argent rangées les unes sur les autres jusqu'au plat-fond dans les anciens appartements du château royal à Berlin. On trouve à l'entrée d'une pièce latérale de la maison gothique dans le jardin de Wörlitz, dans une armoire, une quantité de gobelets et autres vases à boire de verre tous taillés avec plus d'élégance quoique dans le goût gothi-

que.) Le goût plus épuré se sert à cet effet, de formes plus élégantes tirées de
l'antique dont la copie ci jointe offre un modèle très digne d'être imité. Dans une
niche ornée en stuc, construite exprès en une salle à manger vis-à-vis de la cheminée, s'élève cet article d'ornement en divers étages d'après de justes proportions,
jusqu'au centre. La partie inférieure forme une armoire où se renferment la verrerie
et le linge nécessaire pour l'essuyer. Au dessus s'élève une base en cilindre entourrée d'un pan formé de petites buches, que l'on meut à volonté. On y renferme des
verres et des flacons. Plus haut s'élève un ornement en forme d'entonnoir avec des
festons de perles de verres reflechissant agréablement la lumière des lustres. La surface peut servir à poser des verres à vin de Champagne. Le vase d'en haut auquel
la volute en feuillage sert de base, peut être de tole vernie, mais d'une couleur convénable au reste.

Pl. IX.

Meubles   de   coin.

Des autels de forme triangulaire ou des gueridons ronds sont ce qu'il y a de mieux
pour masquer les coins, comme le montre cette figure. Les groupes antiques que
l'on voudroit y exposer tels qu'Amour et Psyché, Caunus et Biblis, Arrie et Petus
. . . . . se trouvent maintenant chez tous les tapissiers et autres marchands en ce
genre, si on les demande sous ce nom.

Pl. X. XI.

Idées pour commodes entre fenêtres.

Dans les quatre représentations, l'on a soigneusement tâché d'éviter les pointes,
les coins et les angles. Les ornements peuvent être en marquetterie, ou en peintures sur fond verni.

Pl. 83.

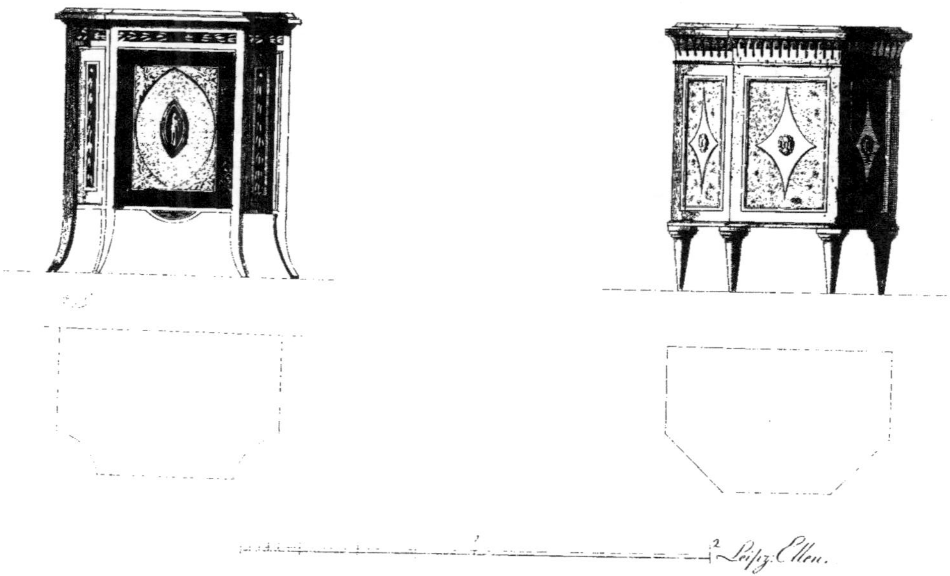

2 Leipz. Ellen.
III. B.

1
2 Leipzig Alten.
III B.

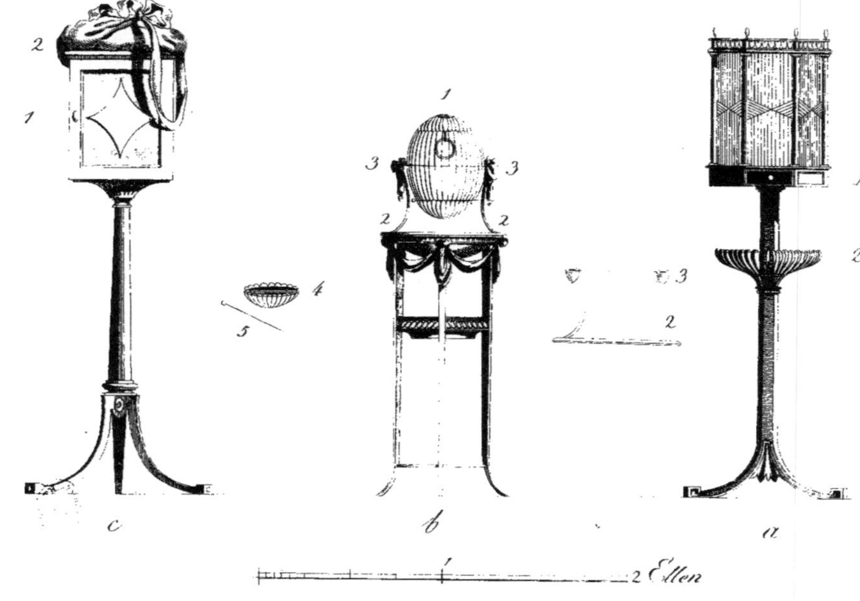

III. B.
2 Ellen
c
b
a

Pl. XII.

Deux   cages   et   un   sécrétaire.

De jolies maisonnettes pour ces petits favorits emplumés, qui par leur ramage et la vivacité de leurs sauts font passer à leurs maîtresses maintes heures de solitude, et par leur joye reconnoissante en recevant leur nourriture contribuent à adoucir la douleur que cause l'ingratitude d'un amant heureux, furent de tout tems un ustentile de recherche dans les appartements d'une personne sensible. Il se trouve de très jolies cages dans les peintures de Herculanum, et l'épigrammatiste romain Martial a célébré dans ses ouvrages une pareille cage à barreaux d'ivoire: si tu reçois un moineau comme étoit celui que pleura la Lesbie de Catulle, renferme-le dans cet ivoire.

Pour rendre une cage élégante il y a trois choses à observer, la beauté de la forme, l'aisance du mouvement et la propreté. Les représentations qu'on offre ici réunissent ces trois qualités et nous devons l'idée de celle du milieu au goût exquis d'une protectrice de ce Magazin.

Fig. a. donne l'idée d'une cage octogone vissé sur un gueridon de mahagoni. Les barreaux seront ou de fin fil de laiton doré, ou comme à présent en Angleterre, peints de diverses couleurs rangées comme le prisme les représente. La cage sera construite de manière qu'en bas les tiroirs qui servent à la nourriture No 2. puissent s'ôter pour être duement nettoyés. Le gueridon a au milieu du pied une espece de reposoir dont les barreaux sont élégament récourbés en dedans, afin que celle qui sur son sopha, sera bien-aise d'avoir son oiseau favorit auprès d'elle, puisse y poser toute sorte de chose ou pour lui ou pour elle.

La cage fig. b. d'une forme extrèmement gracieuse peut être l'ornement d'un appartement de goût. Cette cage de forme ovale est composée de fils de laiton, reçoit une position mouvante par deux montants No. 2. recourbés en dedans et qui vont jusqu'au milieu de la cage et sont attachés à un cercle qui en fait le tour, et dans lequel elle repose No. 3. A l'endroit où les montants tiennent le cercle, sont attachés deux petits vases de porcelaine pour l'eau et la nourriture de l'oiseau, comme le montre une figure séparée. Pour surcroi d'ornements on les entourre de rideaux. La partie inférieure est munie d'une planchette, (voy. No. 4.) laquelle attachée par une forte aiguille que l'on tire pour la séparer No. 5, afin d'ôter toute malpropreté de la cage. Elle est posée sur un trépié de mahagoni ou de bois gris. Les trépiés etoient fort en faveur dans l'antiquité comme de raison, et alors ; comme on les surmontoient d'un bassin creux ; de même ici, l'on en a mis un avec un rideau vert pour recevoir ce qui tombe de la cage, afin qu'il ne gâte pas le tapis ou le parquet. Entre les pieds il y a également un entrepos dont la dame peut se servir à divers usages ayant son petit favorit auprès d'elle soit à son sécrétaire, à sa toilette ou sur son sophas.

Fig. c. sécrétaire ou chifonière à l'usage des dames. On y renferme diverses choses en travaillant près d'une fenêtre ou à l'air dans un jardin. Le tiroir de cette petite armoire renferme le fil, les aiguilles etc. et la bourse d'en haut toute sorte de choses plus volumineuses que l'on cache en tirant le cordon. On peut s'en servir à la toilette en y renfermant ce qu'il faut pour cela.

T A B L E

D E S   A R T I C L E S   C O N T E N U S

DANS CE TROISIEME TOME.

www.ingramcontent.com/pod-product-compliance
Lightning Source LLC
LaVergne TN
LVHW020646200726
843508LV00002B/684